CONFIDENTIEL

NOTES

SUR LES

Tribus du Maroc Oriental

NOTICE DRESSÉE

PAR LES OFFICIERS DE RENSEIGNEMENTS

DU CERCLE DE FEZ

PUBLICATION

DU

COMITÉ DU MAROC

21, Rue Cassette, Paris

1912

CONFIDENTIEL

NOTES

SUR LES

Tribus du Maroc Oriental

NOTICE DRESSÉE

PAR LES OFFICIERS DE RENSEIGNEMENTS

DU CERCLE DE FEZ

PUBLICATION

DU

COMITÉ DU MAROC

21, Rue Cassette, Paris

1912

CONFIDENTIEL

NOTES

SUR LES

Tribus du Maroc Oriental

NOTICE DRESSÉE

PAR LES OFFICIERS DE RENSEIGNEMENTS

DU CERCLE DE FEZ

PUBLICATION

DU

COMITÉ DU MAROC

21, Rue Cassette, Paris

1912

AVIS

—

Les renseignements confidentiels de cette Notice sont ceux de la cinquième partie, **Région Méditerranéenne**, *p.* 49 *et* 55.

NOTES

SUR

LES TRIBUS DU MAROC ORIENTAL

Notice dressée par les officiers de renseignements du cercle de Fez.

I. — RÉGION EST DE FEZ

Le 25 mai 1911, les troupes françaises entraient à Fez, assiégée par les Arabes de la plaine du Saïs et les Berabers. Les tribus des environs immédiats de la capitale envoyèrent leurs notables à Fez, qui firent leur soumission au général Moinier. Ceux-ci furent ensuite présentés au sultan par l'intermédiaire du consul de France, M. Gaillard. Mouley Hafid leur accorda l'aman, moyennant le versement d'une amende de guerre.

Le cercle de Fez fut alors constitué. Il comprenait en principe les tribus de la plaine du Saïs : Oulad-el-Hadj (Oulad-Khaoua), Cherarda, Hamyan, Sejaa.

Le lieutenant de Vaucresson fut laissé à Dar-Debibagh avec les troupes françaises et chargé du service des renseignements et des rapports avec le sultan et le consul de France.

L'attaque de nuit du camp de Dar-Debibagh et le combat de Bahlil le 4 juin nous mirent en contact pour la première fois avec les Berabers du Sud. La marche sur Meknès amena la soumission des Beni-M'Tir, des Guerouan et des tribus du Saïs entourant Meknès.

La fraction des Aït-Ayach (Beni-M'Tir) fut rattachée au cercle de Fez tandis que les autres fractions et tribus formaient le cercle de Meknès. Meknès, où s'installait le gros des forces françaises, formait un *secteur*, sous les ordres du général Dalbiez, et le cercle de Fez lui était rattaché administrativement ; le commandant de Lamothe fut nommé chef du service des renseignements du secteur.

Au Sud de Fez, l'agitation continuait à se manifester dans la région de Sefrou, où les Aït-Youssi et les Aït-Tserrouchen d'Imouzzer coupaient les routes et prélevaient un tribut sur les caravanes. L'occupation de Sefrou par un tabor de l'armée chérifienne fut décidée. Le 3 septembre 1911, le général Dalbiez, avec une colonne, installait à Sefrou le tabor du capitaine d'Ivry. Mais les Aït-Youssi-Gheraba s'agitèrent et le général Dalbiez, par les opérations des 17 et 18 septembre, les obligea à faire leur soumission. Un calme relatif régna vers le Sud, ce qui permit au service des renseignements d'étudier la région des Aït-Youssi et des Aït-Tserrouchen, l'oued Guigou et ses affluents, l'Atlas jusqu'à la Moulouïa.

Mais l'agitation qui avait eu son point de départ chez les Aït-Youssi se propagea chez les Beni-Ouaraïne et les tribus à l'Est de Fez. Dès le mois de septembre, il parut indispensable d'entrer en relations avec ces tribus, afin d'en étudier le statut politique, la situation géographique et de s'y créer des intelligences, afin de parer à toute éventualité. Le commandant de Lamothe, l'officier interprète Trenga et le lieutenant Crépin furent envoyés à Fez pour renforcer le service.

L'installation du service des renseignements dans la ville de Fez, fin octobre, bien que sommaire, permit d'entrer en contact avec la population de la capitale, les agents du Makhzen, les notables, les chorfa, en particulier les chorfa idrissites et ceux d'Ouazzan.

Grâce à leurs bons offices, les notables des tribus à l'Est de Fez se présentèrent aux autorités françaises et apportèrent à la connaissance des groupements habitant les vallées de l'Innaouen, de l'oued Leben et de l'oued Ouergha un précieux concours.

La grosse tribu des Beni-Ouaraïne resta le plus longtemps impénétrable, mais par l'intermédiaire intelligente des chorfa de Kenadsa, des informateurs habiles permirent d'en établir les grandes lignes orographiques entre l'oued Sebou, l'Innaouen et la Moulouïa.

*
* *

La notice indiquant le fractionnement des tribus et la carte, dont la minute a été établie au 200.000° par le capitaine Bernard, complètent les indications géographiques et politiques recueillies par les officiers du service des renseignements du cercle de Fez.

HAYAINA

La tribu des Hayaina s'étend sur un vaste territoire. Elle est répartie en trois fractions habitant trois oueds, et commandées par trois caïds. On peut estimer la population totale à 28.000 habitants, soit 6.720 combattants.

Les Hayaina sont Arabes, et se disent origi-

Documents manquants (pages, cahiers...)

NF Z 43-120-13

naires de Tlemcen. Leurs ancêtres auraient été amenés dans le pays par Si Mohammed ben Lhassen, dont la koubba au toit vert s'élève sur le territoire des Ouled-Adjana qui en ont la garde.

A) Ouled-Riab.

I. Ouled-Yahia, 1/3 ; II. Ouled-ben-Mekhkhal, 2/3 ; caïd Djilali ould Henda.

I. — Ouled-Yahia.

Chacha, 220 tentes. — *Rezaïna*, 50 t., caïd Mohammed, près de l'Innaouen ; *Touaba*, 30 t., Aïssa ould Ahmed ben Djilali, près des Beni-Sadden ; *Ouled-ben-Aicha*, 40 t., caïd Tayeb ben Ouman, rive gauche de l'Innaouen ; *Chaacha*, 100 t., rive gauche Innaouen.

Gheraba, 195 tentes. — *Ouled-el-Moualda*, 40 t. ; *Ouled-el-Triya*, 50 t. ; *Sellatna*, 80 t. ; *El-Gheraba*, 25 t. ; entre Beni-Sadden et Innaouen.

Ouled-Ayad, 230 tentes. — *Ouled-Azouz* : Ouled-Brahim, 25 t. ; Ouled-el-Hadj-Kaddour, 30 t. ; Ouled-Abdelkrim, 25 t. ; Bou-Sehabat, 40 t. ; *Ouled-Hammou* : El-Kheraïbya, 50 t. ; Ouled-Hammou, 60 t., rive gauche Innaouen, ayant pour voisins Chaacha, Ouled-el-Hadj, Gheraba, Beni-Sadden, Ouled-Ayad, Beni-Ouaraïne.

II. — Ouled-Mekhkhal.

El-Ghoual, 315 tentes. — *El-Atarma*, 100 t. ; *Ouled-Daho*, 20 t. ; *Ouled-Adja*, 30 t. *El-Nebiguiyin*, 15 t. ; *Ouled-Salem*, 50 t. ; *El-Koudiyim*, 50 t. ; *Sebbab*, 50 t.

Ouled Hellal, 190 tentes. — *Ouled-el-Hossein*, 50 t. ; *Ouled-Kaddour*, 30 t. ; *Ouled-el-Haian*, 20 t. ; *Ouled-el-Mehari*, 10 t. ; *El-Asara*, 80 t. Les quatre premières sont sur la rive droite de l'Innaouen. Les Asara sont sur la rive gauche,

Karia, 20 t., rive droite oued Leben, près des Cheraga.

Ouled-Ahsen, 20 tentes.

Zouama, 40 tentes.

Ouled-Djabeur, 40 tentes, près de Si-Mohammed-ou-bel-Lhassen.

Le caïd Ahmed ould el Khiat en est à son troisième commandement ; il a été emprisonné à Merrakech, puis à Meknès. Pendant ses détentions (2 1/2, 2 1/2, 1 an), son fils a eu le commandement de la fraction. C'est un caïd très bon et juste, déjà âgé.

C) Ouled-Omran (oued Ouergha).

11.000 habitants, 2.800 combattants. Ils sont divisés en deux sous-fractions : Hachlalfa, 3/5 ; Ouled-Youssef, 2/5.

1. — Hachlalfa.

Jaafra, 900 tentes. — *El-Foukaniyn*, 900 : Ouled-Salem, Adala, Mesdou, Aïn-Lekra.

El-Tahataniyn, 400 tentes. — Hayata, Ouled-Toumi, Menasra, voisins des Cheraga.

Ouled-Belghina, 300 tentes. — *El-Adanna*, *Ouled-Fodil*, *Khoumis*, rive gauche de l'Ouergha au Had de Recifa.

Ouled-Amara, 200 tentes. — *El-Ouraniin*, à Si-Mohammed-Sahelé ; *El-Koudamiyn*, à Si-Daoud.

Er-Rechachiyin, 80 tentes. — *El-Ouraniin* ; *El-Koudamiyn*, près d'Aïn-Lekra.

Ouled-Soltan, 10 tentes, voisins des Cheraga (Beni-Ameur).

Jiahna, 70 tentes, voisins des Cheraga, Sejaa.

El-Hararcha, 50 tentes, voisins des Cheraga, près de l'oued Ouergha.

Ouled-Ghennam, 100 tentes : *Ouled-el-Kherif* ; *Ahl-el-Berri*.

II. — Ouled-Youssef, 1.000 tentes.

Ouled-Bouchta, 200 tentes. — *Ouled-Yahia ; Terouana, Ould-Messaoud*, Aïn-Lekraa et Si-Mohammed-Saheli.

El-Meharrin, 300 tentes. — *El-Foukaniyn*, Aïn-Matouf ; *El-Tahataniin*, Bou-Aouad.

Ouled-Djemouah, 100 tentes.

Ouled-Aissa, 400 tentes. — *Dechara, Ouled-Tahan, Ghomara, Ouled-Boubeker*.

Tribus limitrophes : Haouara, Senhaja, Mezziat, Er-Ghioua, Ed-Djaia, Slès, Cheraga, Ouled-Alian.

Le caïd Ahmed ben Abdalla ben Mohammed el Moudad, connu sous le nom d'El Moudad, surnom donné à son grand-père qui avait l'administration des Ouled Omran, a passé sept à huit ans dans les prisons du makhzen.

Arrêté une première fois sur la plainte des cheurfa d'Ouezzan et de Mohammed Abderraman el Mrani, il fut déporté et emprisonné quatre ans à Mogador. Relâché, il devait guider les méhallas qui devaient opérer contre le rogui Bou-Amara.

Il fut de nouveau enfermé deux ans à Mogador.

Il subit une nouvelle détention de quinze mois à Fez et fut relâché au moment de l'arrivée de nos colonnes. Vigoureux et énergique, il a une grosse autorité sur sa tribu.

Les *Haouara d'Outa* comptent avec les Oulad-Riab et sont sous le commandement de Djilali ould Henda, 340 hommes ; Messassa, 130 ; Dra-Ayad, 20 ; El-Kessar, 50 ; El-Bourch, 10 ; Bou-Acem, 50 ; B. Bou-Youssef, 20 ; Talakka, 20 ; Bou-Koubba, 20 ; Mokra, 30.

Cette fraction est très pauvre : charbonniers, tisserands et potiers.

Elle n'a pas de chevaux, mais seulement quelques mulets.

Les *Haouara d'Hajer* peuvent être rattachés aux Ouled-Alian. Ils habitent entre les Branès (Beni-Bou-Ala), les Hayaina-Ouled-Djebbar, les Mtalsa et les Cenhaja.

MARCHÉS

Ouled-Riab : Souk-el-Arba des Heborja, Tleta des Noukhila, Tleta-Outa-bou-Aban, Djema de Sedrata.

Ouled-Alian : El-Had de Ras-el-Oued-Leben, Tnin de Sidi-Ali-el-Marnissi, El-Arba de Tissa, Djema de Briel.

Ouled-Omran : El-Had de Recifa, Had des Moharrin, Tnin des Ouled-Djemouh, Tlata des Ouled-Bouchta, Djema des Meharrin, Sebt-Jafra, Sebt-Ouled-Aïssa. Ils vont aussi à l'Arba de Tisa et Arba d'Aïn-Mediouna.

GHIATA (ou RIATA)

La tribu des Ghiata est limitée au Nord par les Tsoul et les Meknassa. Elle borde la vallée de l'Innaouen et de l'oued Amlil inférieur.

A l'Ouest, l'oued Bou-Halou forme la limite entre les Ghiata et les Beni-Ouaraïne.

Cette même grande tribu forme également la limite Sud marquée par le djebel Chara, le djebel Tazeka, qui s'élève en pic et domine toute la région, le djebel Chiker.

La fraction des Ahl-Doula déborde la chaîne de montagnes vers le Sud pour s'étendre dans le bassin de l'oued Mlillo par son affluent l'oued Doula.

A l'Est, la fraction des Beni-Bou-Keitoun voisine dans la plaine appelée Ard-el-Fahama avec les Haouara et mélange ses terrains de culture sans qu'il y ait de limite géographique très marquée.

Les affluents de la rive gauche de l'Innaouen drainent les eaux du djebel Tazeka et Chara en découpant des ravins abrupts et difficiles dans le pays des Ghiata ; ce sont : l'oued Bou-el-Djeraf, et son affluent l'oued Ouargin venant de la plaine de Fahma et du djebel Chiker : l'oued Aneli et l'oued El-Adhar qui arrosent les jardins de Taza ; l'oued Makouda qui est dominé à l'Est par la Gern-Nasrani ; l'oued Lekahal et l'oued Gerged qui sortent des pentes Est du Tazeka et traversent la fraction des Mterkat ; l'oued Sidi-Reguig, l'oued Zirek, l'oued Kaouan venant des pentes Nord du Tazeka ; l'oued Bou-Halou venant du djebel Chara et ouvrant deux routes : Bab-Tasetift et Bab-Krakra vers l'oued Ademam et l'oued Tmerout, affluents de l'oued Mlillo et vers la Moulouïa par la Guelta de Tamda ; Sidi-Mohammed ou El-Ferah (sur l'oued Tankraramt), le Treg-Tentatart à travers les Beni-Jellidaten et Reggou ou Outat.

La difficulté du terrain au Sud de l'Innaouen fait croire aux Ghiata que leur pays restera longtemps inviolé par les Roumis. Ils ensilotent leurs grains dans la montagne, bien qu'ils aient dans la plaine leurs villages, leurs terrains de culture et de pâturage ; mais il est certain qu'à la première alerte les troupeaux gagneront la montagne et iront chercher sur le versant Sud du djebel Taseka et Chara, chez les Beni-Ouaraïne, Ahl-Teida et Ahl-Telt, un refuge et un appui.

La vallée de l'Innaouen est d'un parcours relativement facile. Elle est resserrée à hauteur de l'Agba des Beni-Mengara (ou Maggara) et fait à cet endroit un coude prononcé vers le Sud. En face de la kasbah, les roches se rapprochent au point que l'on pourrait facilement, dit-on, y jeter un pont.

Plusieurs gués : Mechra-Derdara, Mechra-el-Kouas, Mechra-Sidi-Marez, permettent de franchir l'Innaouen pour atteindre Taza.

A) Ghiata-Seffiia.

Mgassa. — *Ouled-el-Khellouf :* El-Merazig, Ouled-Ali-Ben-Brahim ; *Ahl-Aghbal :* El-Keramsa, Ouled-Abdelali, Ouled-Ali-Halhoul ; *Mouellin-Bou-Chefa :* Krarem, Ouled-Ali-Chinoun.

Ahl-Tahar. — *Ahl-Sedès :* Ouled-Latrech, Karraout, El-Kemamria, Ouled-bou-Ineb, Zoualta, Ouled-el-Ati, Brarek, oued Sidi-Reguig ; El-Khemamja, entre l'oued Sidi-Reguig et l'oued Gerged ; Ouled-Ouchen, rive gauche Innaouen, en face de Bab-el-Arecha ; Amkaket, rive droite Innaouen, E. de Mechra-Sidi-Abdallah ; *Ouled-Hajaj :* Ouled-Bel-Kacem, oued Sidi-Reguig ; Ahl-Bou-Sandiri ; Aïn-Touda ; Mouellin-Bab-el-Oulja ; Gherarfia, Aïn-bou-Dris (dar Si-Mohammed-Ouazzani) ; Ouled-Hammou, Sidi-Mohammed-Rebbi ; *Beni-Mtir :* Ahl-Boughaleb, kasba des Beni-Mtir, entre Chabet-el-Kharoub et l'Oued-Kaouan ; Ouled-Sidi-Ali ; *Ouled-Ayach :* Ahl-el-Kasba, près de l'oued Zireg, rive gauche Innaouen, en face d'El-Beghla ; Alaouna, Mouellin-Bab-el-Left, Brihiym, Mouellin-Dar-Bou-Salah, Djedian, Aït-Mesalha.

Beni-Mengara ou **Meggara.** — *Kherarza*, kasba des Beni-Meggara, rive droite Innaouen ; *Ouled-Daoud*, petit village fortifié sur la rive gauche ; *El-Bizan*, petit village dans le djebel El-Khotba.

Ahl-el-Oued. — *Ahl-Touahar*, sur la rive gauche de l'Innaouen ; *Sidi-Yacoub, Ouled-Yahia*, originaire des Beni-Ouarrain ; *Ouled-ben-Chaïb*, entre l'oued Gerged et l'oued Lekahal ; *Ouled-Ali-Ben-Lhassen*, *El-Mekadda*, *El-Meribiyn*, *Ouled-bou-Azza*, *Ouled-el-Fellah*.

B) Ghiata-Foukia.

Mterkat. — *Mouellin-Dar-Izid*, dans l'oued Lekahal; *Beni-Snan*, Ahl-Dizan et Dar-el-Msella; *Beni-Mengara*, El-Miader; *Ahl-Tamsift*, *Ouled-Ali*, *Halouan*, *Ouled-Idman*, *Cherrakia*, *Kelaa-de-ben-Zekhlaa*, *Ahl-Zaouia* (Sidi-bou-Salem-Foukhania, Salem-Tahtania).

Beni-Oujjan. — *El-Barda*, rive droite et rive gauche de l'Innaouen; *Ahl-Tajaïlt*, près de Mechra-Derdara; *Ahl-Tcheka*; *Ahl-Emmal*; *Ahl-Sebt*, oued Makouda; *Ahl-Allal*, oued Makouda; *Ahl-bou-Iedder*, oued Makouda; *Ben-Ayadat*, oued Makouda; *Ahl-Mokda*, oued Makouda; *Ahl-Kennar*, oued Makouda; *Mouellin-Gheddir-el-Kebch*, oued Makouda.

Beni-Bou-Keitoun. — *Mouellin Djebel* : Ahl-Sidi-Medjber (fraction de Sidi-Yakoum), Mjert, Taoughelemt, El-Kelaa, Mechref, Bou-Tama, Rahba, Aghil, Agherem, Aroua; *Mouellin-el-Outa* : El-Messara, Maggousa, autour de Taza; Zouala, Bit ou Ghlem, Jahouna-Seffia (Megraoua); Jahouna-Foukia (Ahl-Bechar); Rouf, Azza, Seksef, oued Ouarregin; Roudan.

Beni-Bou-Yahmed. — *Ihabouden*, *Ouled-Abdessadik*, *Ahl-Telt*, *Ouled-Ali*, *Ahl-Kasba*, *El-Kerajha*, *Zerhana*, *Ouled-Ali-Ben-Hadj*, *Ahl-Zaouia-des-Beni-Masen*, *Ouled-Radi*, *Ajemmot*, *Ahl-Sounen* *Ouled-el-Mousaouia*, *Ahl Mehouza*, *Ahl-Ksir*.

Ahl-Doula. — *Ouled-Ali ou Moussa*; *Bechiin*, oued Doula; *Ahl-Disan* (Ouled-el-Hadj), oued-Doula; *Tahajoutin* (El-Khemousiin), oued Doula; *El-Mesban*; *Zaouia-el-Foukia* des Ouled-Sidi-bou-Youssef, oued Doula.

MEKNASSA (300 hommes).

Beni-Heiten. — Meknassa Foukia, sur l'oued El-Arba.

Beni-Ali. — Meknassa Sefflia, sur l'oued El-Hadar.

OULED-BOU-RIMA

200 hommes. — Ouled-el-Adel, Ouled-Mahand, Ouled-bou-Yahia, dans la vallée de l'oued Msoun.

MEGRAOUA

150 à 200 hommes. — El-Mahanda, Ouled-bou-Azza (kasbah Hayaïta, oued Termest, affluent de l'oued El-Arba des Branes et Dj. Chachouch), Ouled-Mansour.

OULED BEKKAR

150 à 200 hommes. — Oulel-Ali-el-Mansour, Ouled-Driss, près de l'oued El-Arba, zaouïa-d'Agherous, cheurfa Beni-Saïd, entre les Ouled-Bakkar et les Megraoua.

TSOUL

A) Beni-Foudghil.

Ouled-Zbaïr. — *Ouled-ben-Itto* : Bejaghla, Ain-Ahmed, Houlifat; *Tajait*, *Toualta*, *Bou-Kezama*, *Halalma*, *Beni-Ali*, *Menchin*, *Sidi-Marouf*, oued des Ouled-Zbaïr, Souk-el-Had dans l'oued Amlil.

Beni-Medjdoul. — *Beni-Bou-Hafs* ou *Bou-Fahas* : El-Kolea, Ouled-Ben-Tita, Chaouïn ; oued des Ouled-ben-Tita (affluent supérieur de l'oued

Amlil); *Mouellin-el-Oued* : Oulad-Kenea, oued Zerraz; Beni-Medjoul; *Beni-Feter*, *Chenanfa*, *Skeika Chtaoua*, oued Amlil.

Beni-Omar. — *Sedakra*, *Beni-Khalifa*, *El-Hourch*, au sud de l'oued El-Arba; *Mekarcha*, *Azeiza*, *Beni-Ouazza*, *Metargha* : Mleila, Metargha; *Hendjila* : Hendjila, Mtalsa; *El-Kummal* : Ouled-Lahsen, Ouled-bou-Chejra, Kaabcha; *Melaila*, *Hadadcha* : Mouellin-Arkoul, Mouellin-Gonitès.

B) Beni-Ourtnaj, 2.600 hommes.

Kraoua, 200 habitants. — *Haita* : Bel-Atigat, El-Arardja, entre l'oued Zerraz et l'oued Tfazza, affluents rive gauche Amlil; *Khezazra* : Felalka, Khezazra; *Ouled-Mbarek* : Ouled-Yacoub, Sebrara, Ouled-Mbarek.

Beni-Frasen, 600 habitants. — *Frasen-Dekhlania*, *Beni-Alaheum*, *Tiaint* : Moudnin, Zgamta.

Ngoucht, 600 habitants. — *Hehahoua* : Ouled-Ameur, Ouled-bou-Djema, Ouled-Ali-ben-Raho; *Ouled-el-Hadj* : Sehamda, Ouled-Brahim-ben-Mohammed, Bou-Chiaf; *Ahl-es-Zaouia*.

El-Khandek, 1.200 habitants. — *El-Khandek* : Ouled-bou-Tabet, Ouled-Benaïa, Ouled-ben-Omram, Ouled-ben-Abbou, El-Kolla, Ouled-Zahra; *Tamdert* : Louaïha, El-Maïnin, oued Lemhar; Melata, Mekenja; *Beni-Foughal*, *Ouled-Azouz*, djebel des Beni-Foughal.

C) Blilent, 1.200 habitants.

Beni-Abdallah. — *El-Gheraba*, *Bab-Tahar-Chejra*, oued El-Arba.

El-Khandek. — *Gouradiin*, *El-Assasia*, *Khorfan*, *El-Hourch*, *Ain-Djebala*.

Bab-el-Harcha. — *Chlouha*, *Ouled-bel-Lecheheb*, *Metatha*.

Ouled-Abdallah-Moussa. — *Ouled-bou-Ledjaïn, Beni-Derjan.*

Beni-Mekoura. — *El-Menzel, Er-Remla, Ouled-Sekfra, Ouled-Bennouna.*

BENI-OUARAINE

Gheraba. — Beni-Abdelhamid, Beni-Bouzert, Aït-Assou, Zerarda, Aït-Seghrouchen ou Aït-Tserrouchen-dial-Harira, Inghilen, Ouled-Ali, Ouled-ben-Ali, Beni-Mkoud, Beni-Hammad, Beni-Achouch.

Du Sud. — Kassioua, Ighezran, Beni-Zelma, Beni-Zeggout, Beni-Youb.

De l'Est. — Ahl-Telt, Ahl-Teida, Beni-Jellidaten.

Description géographique.

La tribu des Beni-Ouaraïne s'étend sur un très vaste territoire. Au Nord, elle touche l'oued Innaouen, et habite l'oued Bouzemlan et Matmata. L'oued Bou-Halou et le djebel Chara, Tazeka et Chiker forment la limite entre eux et les Riata. A l'Ouest, la tribu touche au bassin du Sebou par l'oued Zloul, l'oued Slillio (des Beni-Alaham) et la tribu des Ait-Youssi et des Ait-Tserrouchen. Au Sud, la tribu des Marmoucha et le massif du Bou-Ibelan. A l'Est, elle occupe le versant du Bou-Ibelan, et a pour limite la tribu des Ouled-el-Hadj et la Moulouïa. Le bassin de l'oued Mlillo, affluent de la Moulouïa, est tout particulièrement peuplé.

Un très gros massif montagneux, le Bou-Ibelan, avec le djebel Moussa ou Salah, est le nœud orographique d'où sortent les oueds qui vont vers la Moulouya et vers le Sebou.

Il n'est pas possible de fixer des limites exactes à chaque tribu. Il y a un enchevêtrement sur l'étendue du territoire des Beni-Ouaraïne-Gheraba provoqué par la nécessité d'aller chercher des pâturages en été dans la montagne, et en hiver dans la plaine.

Chaque fraction vit dans une indépendance complète, c'est ce qui a rendu ce pays si difficilement pénétrable. C'est aussi ce qui explique qu'il soit resté en « siba », ne payant aucun impôt, ne reconnaissant aucun caïd, aucune autorité.

Les Beni-Jellidaten de l'Est sont ceux qui semblent représenter un tout qui se tienne à peu près compact.

La partie centrale, occupée par le gros massif du Bou-Ibelan, du djebel Rekibat, est très peu habitée. Les Beni-Youb sont cependant dans une plaine entourée d'un cirque de hautes montagnes et auraient de bons pâturages.

La partie Nord-Ouest est la plus peuplée, mais aussi la plus divisée. On dit ces tribus très belliqueuses, et parmi elles, celle des Aït-Seghrouchen-dial-Harira habitant le haut oued Bouzemlan et Matmata. Elles sont sorties des montagnes et ont progressivement chassé les Beni-Sadden, les Hayaina (Ouleb-Riab). Elles atteignent l'Innaouen et ont incorporé les fractions Ouled-Riab entre Bou-Zemlan et Matmata.

Vers le Sud-Est, les Kassioua, les Ighezran qui faisaient partie des Beni-Yazra ont été incorporés à la grande confédération.

Notre arrivée à Fez et notr intention de faire cesser cet état d'anarchie causent chez les Beni-Ouaraïne une vive appréhension qui les fera se grouper contre nous pour la résistance. Mais il faut tenir compte que les terres cultivables sont dans les vallées assez facilement accessibles, et que le morcellement des tribus ne saurait permettre une entente de longue durée. Enfin, leur isolement ne permettra que très difficilement leur réapprovisionnement en armes et munitions. Il faut donc espérer que lorsqu'on aura occupé la trouée est-ouest de Fez à la Moulouïa, lorsqu'on aura occupé la vallée de ce fleuve (Outat-Ksabi) et que la route de Fez à Ksabi sera libre, le bloc Beni-Ouaraïne se laissera pénétrer assez facilement.

I. — Beni-Ouaraïne-Gheraba.

Beni-Abdelhamid (500 à 600 tentes).

Aït-Tserrouchen, petite fraction détachée de la tribu des A. T. S.

Aït-Zadra, oued Zadra.

Aït-Zehend, djebel Rkibat.

Ahl-Talha, à Talha, dans la région du dj. Taseka. Vers Zadra, région difficile.

Aït-Ouggarin. — *Ayad, Iakradou ou Kitout*, kasba Tajana, Aïn-er-Reha : *Aït-Ahmed ou Moussa*, kasba Tajana ; *Aït-Mohammed, Aït-ben-Aïssa*, Aïn-er-Reha.

Ihannounen. — *Aït-Izliten, Aït-bou-Larba*, Asefah, oued-En-Nejma ; *Aït-Amor ou Ben-Haddou*, Tizi-Derbihan, entre Iharriren et Beni-Zliten ; *Aït-Ayad*, Bourezag ; *Aït-Ahmed ou Moussa-Aïn-Reha*, kasba Tajana.

Iberghazen. — *Iaberroukan*, El-Hajera, au Sud de Talha ; *Ahl-Ghar*, djebel Ghara ; *Ahl-Moulay*, Aïn-er-Reha.

Notables : Kitout des Ouled-Ayad ; Ali ; Ben-Hammou ou Ahmed ; Mohammed ou Ahmed-ben-Tayeb, Mohammed ou Ben-Aïssa ; Mohammed ou Haddou ; Ahmed ou Mimoun ; Ahmed-Zerzib-Abdallah.

Beni-Bouzert (600 à 700 tentes).

Aït-Haddou. — *Ademan, djebel Tazeka, djebel Chiker*, voisins des Riata.

Aït-Braham. — *Kef-Tebel, El-Koudiat, djebel Ademman*, au-dessus de Bab-el-Arba.

Aït-Ameur. — *El-Fendel* (entre Tajana et Bou-Halou) et *Bahira Djebel-Chiker*, près des Riata.

Aït-Alla. — *Ras-Aïn-Fendel*, djema bou Yala, dans la montagne, près de Mehajjat, Mouellin-Cherf.

Aït-bou-Slama.

Notables : Mohammed ou Bel Kessou des Aït-Amar ; Abdallah bou Azza des Aït-Braham.

AIT-ASSOU (300 à 400 tentes).

Aït-Amran, Aït-Ali ou **Lhassen, Aït-Thaleb, Aït-Ahmed ou Youcef, Aït-Mohammed ou Haddou, Aït-Ameur ou Raho**, à *El-Kessarat*, sur la pente regardant l'oued Djemaa.

Aït-Isekaken, *Sidi-bou-Aïssa*, au-dessus de Kessarat.

Ibechiyn, *El-Kessarat.*

Aït-Yahia.

Zaouia de Sidi Mohand el Mostfa el Kandousi, dont les Aït-Assou sont les serviteurs religieux. Zaouia Sidi Mohammed el Bouzian. Zaouia Sidi Abd el Aziz.

La fraction des Hayaina-Ouled-Hayan peut être considérée comme rattachée aux Beni-Ouaraïne-Aït-Assou.

Les fractions Asara et Chebabat (O. Riab-Hayaina) peuvent être rattachées aux Ouled-Abd-el-Hamid.

Notables : Ahmed ou Mohammed (venu se présenter le 16 janvier 1912).

ZERARDA (800 tentes).

Aït-Braham. — Dans le djebel à *Taghidalt, El-Ghiab, Tazemmour, El-Khemis, El-Kedim* ; dans la plaine à *Aïn-Skhoun.*

Aït-Ali ou **Mimoun.** — *Djebel Chara, Aït-Abbed, Bou-Arous* (près d'Ilematen).

Aït-Lhassen. — *Bou-Asker*, *Aïn-Skhounat* (oued Matmata).

Aït-Boubeker. — *Bou-Zemlan*, *Amejouj*, *Bou-Arous* (Ras oued Matmata).

Beni-Mkhallet. — *Hematen*, *Zebzit*.

AIT-SEGHOUCHEN-DIAL-HARIRA OU TSERROUCHEN.

Aït-er-Reba. — *Aït-Embarek*, *Aït-Boudjema*, *Aït-Messaoud*, *Aït-Abbou ou Lhassen*, oued Bou-Zemlan ; *Aït-Abdallah ou Lhassen*, oued Bou-Zemlan ; *Aït-Youssef ou Haddou*, oued Bou-Zemlan ; *Aït-Ali ou Youssef*, oued Bou-Zemlan ; *Aït-Belkacem*, oued Bou-Zemlan ; *Aït-Salah*, oued Bou-Zemlan.

Aït-Haddou. — *Aït-Mohand*, *Imesagen*, *Aït-Bou-Ikhichen*, *Aït-Hammou ou Sliman*, *Aït-Amor ou Belkacem*, oued Matmata ; *Aït-Abdesselem ou Haddou*, El-Ghezana oued Matmata ; *Aït-Haddou* (fraction la plus turbulente) ; *Aït-Akka ou Lhassen*.

IMGHILES (500 à 600 tentes).

Aït-Boubeker. — *Aït-Aïssa*, caïd Kaddour ben Mohammed Aoughagh ; *Aït-Ali-ou-Boubeker*, caïd Si Belkacem ben Mohammed, habitent à Aïn-bou-Macaï.

Hajaj. — *Aït-Ayad*, cheikh Ahmed ou Lhassen ; *Aït-Mohammed* ou *Lhassen*, cheikh Abd el Krim, habitent dans l'oued Bouremed et entre l'oued Matmata et l'oued Ifram.

Iharriren. — *Ihammouchen*, cheikh Ahmed ou Ali ; *Ouled-ben-Ramdan*, cheikh Mohammed ou Raho, habitent dans l'oued Ifram.

Aït-Saïd. — *Aït-Ahmed ou Saïd*, cheikh Mohammed ben Abdelmalek ; *Aït-Abdennebi*, cheikh Mohammed ou Hassein, habitent dans le djebel des Beni-Serraj et à El-Merja, vers les Ahl-Telt, entre le djebel Chara et Rekibat. Dans l'oued

Nejma, affluent de l'oued Tmorrout. Villages et tentes ; cette tribu est très dispersée.

Notable : le caïd Ben Mohammed Aoughah des Imghilen habite près de Khemis-el-Gour (il s'est présenté à Fez le 16 décembre 1912). C'est un homme d'une quarantaine d'années, petit, yeux vifs. Ami de Si Mohammed el Baghdadi.

Son père, Mohammed ben Ayad, mort dans une rencontre entre les Beni-Ouaraïne, aurait eu un « daher » de commandement sur les Imghilen, Aït-Assou, Beni-Jellidaten (Ahl-Tighiamin, Ahl-Igli), Beni-Hassan, Beni-Ahmed et Beni-Abdallah.

Ouled-Ali (300 à 400 tentes).

Aït-Aïssa. — *Hematen*, *Msassa*, *Chaban*.

Aït-Ali ou **Aïssa**. — *Ouaoursen*, *Hajeret-Mouka*.

Aït-Lakhdar. — *Msassa*.

Aït-Chamel. — *Takléat*, *Ras-Oued-Boukhaled*, *Boulbib* (dans la montagne de Rekibat), oued Mkhet.

Notable : Ben Saïd, Bougrin.

Ouled-ben-Ali (300 tentes).

Mouellin-el-Fahas. — *Oued-El-Fahas*.

Mouellin-Aït-Ahmed. — *Beni-Abbed-el-Tahtia* (ksar de Ben-Harrouch).

Aït-Saïd-Mouellin-bab-el-Outa. — *Aïn-el-Ars*, dans l'oued Djema.

Oulad-Bejja. — *Tahla* (dans un ravin se jetant dans l'oued Ifram).

Aït-Achour. — *Aïn-bou-Madi*, oued Djema.

Ahl-Matin (des Beni-Mkoud).

Beni-Mkoud (350 tentes).

Les Beni-Mkoud sont répartis dans plusieurs tribus des Beni-Ouaraïne :

Aït-er-Radi, chez les Imghilen, Bab-Taza, Tmaïlt.

El-Haddada, chez les Aït-ben-Ali, à Bab-Taza.

Ifasihin, chez les Aït-Assou, à Bab-Taza.

El-Azeila, chez les Zerarda, à El-Azeila, ras oued El-Ahmar.

Beni-Zliten, chez les Beni-Abd-el-Hamid, dans la plaine, entre djebel Tazeka et l'oued Ademam.

Ahl-Ghar, chez les Beni-Abd-el-Hamid, ras oued Bou-Haouad, affluent de l'oued Zloul.

Ahl-Matin, chez les Aït-ben-Ali, à Matin, au-dessus de Beni-Abed (ras oued Fahs), affluent de l'oued Zloul.

Beni-Hammad (400 tentes).

Les Beni-Hammad habitent dans la montagne, à Tagherout, fraction Aït-Bouzian, et dans la plaine à Ras-Ademam.

Iberdan. — *Ihaddaden* (à Fondak-Mimona).

Ait-Aïssa. — *Aït-Ali ou Aïssa* (près des Beni-Achouch).

Se rattachent aux Ahl-Telt par leur proximité avec eux.

Beni-Achouch (100 tentes).

Habitent la zaouïa des Beni-Achouch, à ras oued Ademam (affluent de l'oued Mlillo).

II. Beni-Ouaraïne du Sud.

Kassioua

Petite fraction, autrefois aux Beni-Yazra.

Oulad-Guemalou. — Oued Bou-Zemlan supérieur.

Tnafa. — Oued Bou-Zemlan, supérieur.

Tazrout. — Oued Atchan.

Sarioua. — Oued Atchan.

IGHEZRAN (autrefois aux Beni-Yazra).

Caïd El Kallouk ou Bou Ferrakeh.

Aït-Ali ou **Alla**. — *Nas-Ahmed ou Ali*, caïd El Kellouk ou Bou Ferrakeh ; *Aït-Mezzian*, cheikh Haddou ; *Aït-Saïd*, cheikh Ksouiken, habitent le village de Aher-Moumou, oued Aïn-Aghbal, affluent de l'oued Zloul (affluent du Sebou).

Ighezran-dial-l'Outa. — *Aït-Hammoum*, *Aït-el-Aseri*.

Ighezran-dial-l'Outa. — *Aït-Bou-Hassan* ; *Aït-Naceur*, *Aït-Daoud*, Bougrin (venu à Fez le 14 décembre 1912); *Ichemlalen*.

Ighezran-dial-Djebel. — *Aït-el-Mokaddem*, *Aït-Khezza* ; *Aït-Ankoud*, *Aït-Zeggout* ; *Aït-Tafezza*, *Mghila*, villages dans l'oued Zloul.

BENI-ZEHNA.

Habitent le haut oued Zloul.

Ils sont les serviteurs religieux de Sidi Abd el Jellil de Bou-Zemlan, qui a un azib à Beni-Sohan.

BENI-ZEGGOUT.

BENI-YOUB.

Aït-ben-Aïssa, **Aït-Hassan**, **Aït-Morji**, **Tagherout**, **Aghesdis**, **Aït-el-Maiz**, **Aït-Idir** sont entre les Beni-Alaham, les Ighezran-dial-Djebel, les Aït-Lassen et Aït-Slihim (Marmoucha), les Aït-Tserrouchen-Idgasen. Ils habitent dans l'oued Tamghilt, affluent de l'oued des Aït-Tmama venant du Bou-Ibelan et affluent du Sebou.

III. — Beni-Ouaraïne de l'Est.

AHL-TELT.

Aït-Mohammed ou Youssef, *Tlajjout*.

Aït-Ksar, oued Tlajjout, affluent de l'oued Mlillo.

Aït-Ichchou.
Imenebhen, *Tlajjout*.
Aït-ben-Sghir, *Tlajjout*.
Aït-Ayach, près de l'oued Doula.
Beni-Khiar, oued El-Arba.
Beni-Hammad (voir cette tribu), oued El-Arba.
Beni-Achouch (voir cette tribu), oued El-Arba.
Beni-Smaad, oued Tmarrout.
Aït-ben-Abbou.
Tichtiouin.
Ksiren, près des Ahl-Doula (Riata).
Aït-el-Ghazi.
Aït-Zekri.
Afezzou.
Bou-Saad.
Hamidet, oued Hamidet.

Ahl-Teida.

El-Mahaïchat, oued Skakia.
El-Kamriat, oued Skakia.
Ouled-Dris, oued Skakia.
El-Genanda, oued Skakia.
Ahl-Tammest, oued Tammest.
Ahl-Smio, oued Smio.
Meskarat, oued Smio.
Beni-Maban, oued Smio.
Beni-Damal, oued Smio.
Ouled-Larbi, oued Smio.

Beni-Jellidaten.

Oued des Beni-Mansour. — *Ahl-Igli*, *Aït-Hassan*, *Beni-Aziz*, *Beni-Fendkran* ou *Fendchan* ; *Aït-Messad*, *Oufriden*, *Ahl-Timezraï*, Aït-El Mansour.

Oued des Beni-Bounser. — *Beni-Bounser*, *Beni-Mkebel*, *Beni-Abdallah*, au pied du djebel Moussah ou Salah ; *Beni-Bahar*, *Beni-Smint*, *Ahl-Gheras*, *Ahl-Timgerdin*, cheurfa comptant avec la zaouïa de Zebzit.

Beni-Alaham (ou Alehem ou Alhim).

Cette tribu est considérée comme indépendante, bien que comprise entre les fractions des Ighezan et celle des Beni-Youb. Elle se trouve dans l'oued Slilio ou oued des Beni-Alam, affluent de l'oued Mdez (oued Guigo).

Aït-Ali ou Mimoun. — *Mechakra* : Ouled-Brahim, Taria-Oudghar, 150, oued des Beni-Alaham ; *Taourirt*, 80, oued des Beni-Alaham ; *Ait-Raho*, 100, oued des Beni-Alaham ; *Beni-Msahel*, 100, oued des Beni-Alaham.

Idrasen. — *Ahl-Dir* : Ahl-Kasba-Taddert, Tammest-dial-Lebbour ; Beni-Mroura, Mediouna, oued El-Bechna ; *Aït-Yahia*, Malan ; *Aougelit*, Dchar-kebir-dial-Cheurfa ; *Aït-el-Hadj*, Aït-Moulay-Raho-Cheurfa.

Aït-Lhassen ou Mimoun (300). — *Aït-el-Ghazi* : Tafedjaret, entre les Beni-Youb, le djebel Tsaghla et Ras-el-Oued ; *Aït-Ghezzou* ; *Aït-Lhassen ou Mimoun*, Beni-Alaham.

Marmoucha ou Imarmouchen.

Tribu indépendante qu'on rattache comme origine aux Aït-Cheghouchen.

Aït-Lhassen. — Au pied du Bou-Iblan, voisins des Beni-Youb. Leur sauvagerie et leur indépendance sont connues.

Aït-Slihim. — *Aït-Bazza*, voisins des Beni-Youb ; *Aït-Smah* (voisins d'Almis), on les compte parfois avec les Beni-Ouarraïn ; *Aït-Tmama*.

Marmoucha. — *Aït-Tmim*, oued Marmoucha ; *Aït-Messad*, Aïn-Skounat et Souka ; *Aït-Ali*, *Aït-Lhassen ou Adrar*, *Aït-el-Man*.

BRANÈS

A) Beni-Bou-Yala.

Beni-Mahan : *Rouf; Koubba.*

Ouled-Bou-Saaden.

El-Amarna : *Tamra; El-Aïaicha; Chouiab.*

Aokhra : *Hajer-Melloul; El-Oulja; El-Attatra; Nakba; Ouled-Ben-Ali; Tallaket-en-Nejjar.*

Hadjer-Abdallah : *Gher-Biyn; Sidi-Abdallah; Aïn-Azlaf; Aïn-El-Khemis.*

Fezazra : *Rehahla; Semmat; El-Amariyn.*

Krakra : *Kern-Meldes; El-Haouat; Aïn-Bou-Haroun.*

Ahl-el-Oued : *Cherrad; Ahl-el-Oued*, oued El-Kebir (haut oued Leben).

B) Ouerba.

Beni-Mkhellad : *Hellafiyn; Sekakiyn; Ouled-Abdallah; Ouled-Manjour.*

Terbiyn : *Abdel-Khalkin; Ouled-Guennoun; Ouled-Hammon; El-Gouzat; Nekhakhsa.*

Ouled-Abbou : *Mechamra; Bou-Chouka; Dar-El-Amri; El-Merja; Dra-Tayeb; Dra-El-Mokhtar; Aïn-Icham; Aïn-Ben-Hammon; Sidi-Bou-Rebi.*

Ouled-Rahmoun : *Bab-El-Morouj; Sidi-Malek; El-Araïs; Ouled-Sedra.*

Ouled-Aïssa : *Aïn-Salah; Tamchacht; Fedj-Tahar; Aïn-Messaoud.*

Ahl-Taïnast : *Taïnast-Zerouk; Ouled-Lhassen; Ouled-Yahia-Ben-Ali;* Ouled-Taleb, Ouled-Omar, El-Meharcha, El-Meissa.

El-Kta : *Tamzrart.*

El-Khandek : *El-Haïna; Moussaouat.*

C) Ahl-Taïfa.

Ahl-Tiliouan : *Ouled-Seghir; Drari-Abdesselem; Seddari; Beteita; El-Hareicha.*

Ouled-Seida : *Ouled-Bel-Harania; Nebabla; Khelalfa; Ouled-Saïda.*

Chekarna, seul Ksar.

Beni-Ouriaghel : *Felalha; Saïda; Felalha; Dahanna; Souamra.*

Bou-Hallil : *Djemaa-El-Khamsin*, oued du même nom; *El-Karia; Mehamha; Khochna; El-Hemadna; Kechamra.*

D) Beni-Fekkous.

Beni-Fettah : *Beni-Arfja; Beni-Hassaïn*, oued Djemaa des Beni-Fettah; *Khandekt-Terrab; El-Habeila; Djdeïda; Ahl-Es-Sof; El-Houaoura; Ouled-Moussa; El-Haddaïa; Akarchia.*

Ouled-Haddou : *El-Anaser; Zougar; Djlaïla; El-Hayasfa.*

Traïba : *El-Karrouba; El-Aïoun; El-Hadjra; Abaïba; Aïn-Tro; Ghoulam; Bou-Lajbah.*

Lehalha : *Ouled-Ali; Ouled-Lhassen; Ouled-Mouh (Mohammed).*

Ouled-Djerrou : *Bou-Rahhi; Haskoura; Bab-Amsiouan; Aïn-Tlata; Sidi-Aïssa; Ajanan; Aïn-Bou-Khellal.*

II. — RÉGION NORD DE FEZ

CHERAGA

Au Nord de Fez, la tribu des Cheraga s'étend entre la vallée de l'oued Sebou et celle de l'oued Ouergha, entre les Ouled-Jama au Sud, les Ouled-Aïssa à l'Ouest, les Fichtala, Slès au Nord, les Hayaina (Ouled-Omran, Ouled-Alian) à l'Est, et les Hamyan au Sud-Est.

Caïd : Ba Mohammed Chergui (pacha de Fez), Mellah.

A) Sejaa, 2.400 h.

El-Hamran, 440 ; *Cherarba*, 600 ; *Ouled-bou-Chebil*, 440 ; *Ouled-bou-Khef*, 300 ; *El-Ghozlan*, 300 ; *Ouled-Maala*, 200 ; *Alouim-Cheurfa*, 40 ; *Hanancha-Cheurfa*, 100 ; *El-Heddada-Cheurfa*, 40.

B) Beni-Snous, 1.000 h.

Beni-Aujel, 160 ; *Ouled-Kacem*, 100 ; *Ouled-Allah*, 140 ; *Abdin*, 100 ; *Ouled-Houtrik*, 100 ; *Er-Rouaja*, 100 ; *Beni-Ouchli*, 140; *Beni-Habib*, 40 ; *Beni-Ouali-Cheurfa*, 100.

C) Ouled-Djama.

Traïma, 1.000 ; *El-Metarfa*, 1.000 ; *El-Aoulga*, 600 ; *El-Agor*, 400 ; *Hamyan*, 1.000.

D) Beni-Ameur.

El-Oulja, 300 ; *Ouled-Taleb* 300 ; *El-Hadjer*, 300 ; *Ouled-Mohammed*, 300 ; *Kerradsa*, 300 ; *Mediouna*, *Ahl-el-Oulja*, 240 ; *Mediouna-Ahl*, *El-Djebel*, 240.

OULAD-AISSA

Le Gharb se divise en trois tiers :
Klot ;
Sefran ;
Beni-Malek.

Les Beni-Malek comprennent plusieurs tribus, dont les Ouled-Aïssa, compris entre les Hedjaoua-Oudaïa, Ouled-Djama-Cheraga-Fechtala-Setta.

Ils sont sous le commandement d'El Hadj Hammad, ayant pour khalifa : El Hadj Mohammed el Ambri.

El-Anabra. — *Ouled-Ali-bou-Youcef*, *Ouled-Chérif*, *Ouled-Mtouta*.

Nouaji. — *Sekhafkha*, *Rehamma*, *Agagda*, *El-Kalaa*, *El-Houafed*.

El-Moussayn. — *Ziazna, Khemoucha, Ouled-Attou, Goudma, Berraza, Ouled-Bel-Leham, El-Mouald, Rousma-Cheurfa.*

Zaaf. — *Ahl-el-Kadi, Denagra, El-Haba.*

Beni-bou-Ghezala. — *Dechra, Zeroual, El-Hebara, Joualla, Chouhoub, Ouled-Yagoub.*

Ouled-Hassoun. — *Ouled-bou-Lehoual, Ouled-Zahra, Ouled-Tayeb, Zaamer.*

El-Khedda. — *Ouled-bou-Hadja, Ouled-Omar, Abbouyat.*

Voisins des Fechtala, des Setta :

El-Herameha, Akerma, Zaiblat, Debichat, El-Aouameur, Ouled-Allah, Souahal, Ouled-el-Mrabet, Cheurfa, El-Ghouazi.

HEDJAOUA

Les Hedjaoua touchent au Sud à l'oued Sebou et aux tribus des Oudaïa, des Cherarda (Tekna), au Nord aux Ouled-Aïssa, à l'Est aux Cheraga.

Pacha : El Hadj Hammad.

Beni-Rached.

Ouled-Moussa.

Taalba.

Oulad-Slama.

III. — RÉGION NORD-EST DE FEZ

La région Nord-Est de Fez est très peuplée, elle comprend des populations arabes dans les vallées et berbères dans les montagnes du Rif et au bord de la mer.

Deux vallées principales orientées Est-Ouest, celle de l'oued Ouergha, affluent du Sebou, conduisent les eaux à l'Atlantique.

Dans la région méditerranéenne, les rivières coulent du Sud au Nord. Les principales sont l'oued Kert, l'oued Ighis, l'oued Nkour, l'oued Talambadès, l'oued Mestassa et l'oued Ouringa.

Dans la région de la Moulouya, l'oued Azrou ou Msoun, d'abord Nord-Sud, puis après le coude de Msoun : Ouest-Est, draine toutes les eaux de la région des Mtalsa, Beni-bou-Yahi et Haouara.

Un massif montagneux très peu accentué sépare les vallées de l'oued El-Leben de l'Ouergha. Les sommets principaux sont : le djebel Aïn-Mediouna, le djebel Bouknala, le djebel Timnetras, le djebel Tirara, le djebel Taderroust et le djebel Tainast.

L'oued El-Leben sort de la montagne des Beni-Krama.

L'oued Innaouen, qui s'appelle en cet endroit oued El-Gouzat, sort du djebel Tainast.

Au Nord de cette crête, les eaux se jettent dans l'Ouergha. Les principaux affluents sont : l'oued Amalou, l'oued des Beni-Kezin, l'oued Bou-Adel, l'oued Tharis, l'oued Bou-Halloufat.

L'Ouergha prend sa source dans le djebel Tidighin. La chaîne riffaine, entre le djebel Tiziren et le djebel des Beni-Asem (Azregech-Char) est très élevée et donne naissance à de nombreux affluents, le principal sur la rive gauche est l'oued Asfalou ou des Beni-Asem. Sur la rive droite : l'oued El-Aseri, l'oued El-Guezzar, l'oued Sra, l'oued Sahela, l'oued Mzez, l'oued Aoulaï et l'oued Aoudour.

Toutes les vallées dont nous venons de parler sont peuplées de nombreux villages. Les habitants sont pour la plupart sédentaires, et les tribus assez nettement délimitées, l'étude suivante en donne le fonctionnement :

SENHAJA DE MOSBAH

Fenassa (ouled Bou-Ahsen), sur la ligne de crête. — Beni-Selman, face à l'oued. — Tizeroual, Ouergha. — El-Menaa. — Bou-Knala, djebel Bou Knala.

Aïn-Mediouna. — Gueznaïa. — Tazouda, caïd Mohammed ben Amidou.

Ouled-Azam, Ouled-Bouneder, Cheurfa. — Beni-Koura. — Bou-Adel (Si Abdallah ben Ahmed chérif). — Er-Ghioua (Mohammed ben Ali). — Mezziat (caïd Mohammed ould Abdesselem).

Ces deux dernières sont sur la rive droite de l'oued Ouergha.

DÉTAIL DU FRACTIONNEMENT DES SENHAJA DE MOSBAH

Beni-Koura. — *Serima*, en Nzala-Gherarza ; *Ouled-Taleb-Abdallah*, Ouled-Abdallah-ben-Mohammed ; *El-Broumyin* ; *El-Merouy*.

Bou-Adel. — *Kerracha* ; *Ouled-Arfa* ; *Ouled-Mimoun* ; *Daher*.

Ouled-Azem. — *Chaaria* ; *Dahar-Lahra* ; *Amalo* ; *Ouled-Bou-Ndar*.

Tazouda. — *Dar-Hasna* ; *Sedrata*.

Aïn-Mediouna. — *Aïn-Ghemari* ; *Aïn-Mediouna* ; *Ouled-Abdallah*.

Keznaïa. — *El-Karia* ; *El-Koudia* ; *Djama-el-Koubia*.

Bouknala. — *El-Mékarmeder* ; *Ouled-Moussa* ; *El-Merabtin*.

El-Menaa-Tizerouna : un village.

Beni-Selman. — *Remanra* ; *Ank-el-Hajar* ; *Ouled-el-Ayachi* ; *Ouled-Aïssa*.

Ouled-bou-Hassaoun. — *Fenassa* ; *Ouled-El-Ghazi* ; *El-Kelia*.

Mezziat, 1.200. — Khemalcha ; El-Kelaa ; Hajer-Rieb, en face de Bou-Azoun des Ghioua ; Taounat, notable Sidi Bouzid, caïd Mohammed ben Abdesselem ; Dehier ; Ahl-Sta ; Achaich ; Hajer-Mabed, près de l'Ouergha ; Ouled-bou-Sultan, sur l'Ouergha ; Demna.

Er-Ghioua. — *Bab-el-Ouender*, sur l'oued Ouergha, en face de Tazouda, entre Ouergha et Sra, près de Kour'a-Menouala, voisins des Mtioua.

Er-Remla.

El-Hadjiin.

El-Ansar.

Bou-Azzoun, près des Mtioua et de l'Oued et Sra.

Notable : caïd Mohammed ben Hammou et son fils Ahmed. Celui-ci, venu à Fez (31 décembre 1911), avec Si el Mehdi Daoudi.

SENHAJA DE GHEDOU

A) Senhaja-Foukia.

Asameur, haut oued Leben et au Nord.

Semamda.

Ouled-Bechir.

Ziaïna, près d'Asameur et de l'Arba de Sidi Messaoud.

Aouchtan, oued Aouchtan.

Ouled-Ahmed.

Ouled-Brahim, près des Marnissa.

Beni-Krama, village de Tadernoust, source de l'oued El-Leben.

Beni-Ahmed, Sidi-Daoud, village.

Ahl-Amalou, village Oued-Amalou.

Djala. — *Ahl-Imoula*, 4 mosquées, sur l'oued Bou-Acem, affluent de l'Ouergha ; *El-Araba ; El-Ansor ; El-Ouada.*

B) Seffila.

El-Moharim, 3 mosquées, aux sources de Oudei-ben-Ali, affluent du haut oued Leben, voisins des Branes-Beni-bou-Ala. Notable : Si Ali ben Lhassen. Son frère, Si Mohammed ben Lhassen était caïd de tous les Senhaja de Ghedou sous Abdel-Aziz.

El-Mahamda, voisins des Beni-Oulid.

Tamda, oued Tamda, affluent de l'Ouergha.

Beni-Kezin, oued de Beni-Kezin, affluent de l'Ouergha.

Bab-Msila, voisins des Beni-Kezin.

Boureda, sur l'oued Ouergha, sous le commandement de Mohammed el Idri, des Marnissa.

Une autre division a été donnée :

Khelalfa : Ouled-Brahim ; Boureda ; Bab-Msila ; Tamda ; Ouled-Ahmed.

Beni-Tachtout : Beni-Kezin ; El-Mahamda ; El-Mohariin.

COMMANDEMENT D'EL HADJ MOHAMMED EL IDRI

A.	Marnissa................	2.000 h.
B.	Beni Amrat..............	1.100
C.	Ouled-bou-Slama........	500
D.	Beni-Bechir.............	300
E.	Beni-Ouenjen...........	500
F.	Fennassa................	400
G.	Beni-Oulid..............	1.000
H.	Boureda.................	200
	Total.........	6.000 h.

A. — MARNISSA, 2.000 h.

Beni-Yahia (800 h.). — *Tounès*, oued Ouergha ; *Bouchan*, oued Ouergha ; *Kaudek-el-Islan* ;

Beni-Assa ; Koudia, oued Bou-Acem ; *Zaouia-bou-Irman*, oued Bou-Acem.

Kassioua, 1.200 h. — *Ouled-Imran ; Afras ; Brab-r ; Ouled-Bou-Hanina ; Ouzaï ; Tizert ; Amchacht*.

B. — BENI-AMRAT, 1.100 h.

Ouled-Abbou, 300 h.
Ouled-Hassein, 300 h.
Djenouna.
Ouled-Saïd-d'Ikhelft.
Ouled-Bouslama, 500 h., v. Senhaja-Sraïr.

C. — OULED-BOU-SLAMA

Djema-Cheurfa-Tafraout (d'Ouezzan); Demnet-Bouzid; Taria ; Bab-el-Haït ; El-Aioun ; Ouled-Fatma ; Knatra, oued el-Guezzan, affluent de l'Ouergha.

D. — BENI-BECHIR

E. — BENI-OUENJEN, 500 h.

Kh. : El Hadj Ahmed ben el Hadj Abdesselem.
El-Hadjer, El-Aroussa, Ouled Medan, Aïla, Djema-Delm.

F. — FENNASSA, 400 h.

Harrata, Zaouaoua, Selloum, Ouled-ou-Allam, Ouled-Ali-el-Marabet.

G. — BENI-OULID, 1.000 h.

Charfa. — *Riaïna, Skourigin, Cherarta, Timtrast.*

Ouled-Louan. — *Djerara, Zerarka, Ouled-Djdidi, El-Ansar.*

Ziama. — *Zurkia, Aïn-Abdoun, Ahl-Sof, El-Kob, Mizab. Aïn-Hamra.*

Er-Reba. — *Ouled-er-Ghezel, Ouled-bou-Tin, Ouled-Aziz, Amsker, Hajer-Kellal.*

H. — BOUREDA

Boureda, village des Senhaja-Ouled-Ghedou, 200 h.

MTIOUA, 2.000 h.

Caïd : Si El Mehdi Daoudi, habitant Fez.

Mtioua dial Djebel.

Ouled-bou-Adi. — *Bououda*, Si Mohammed Ouled Si Mohammed ; *Zaouia*, Mohammed ben Hammou, venu ; *Djaafra*, El Hadj Messaoud, venu ; *Taounat*, Mohammed bel Hadj ; *Asmel*, Mohammed Ouled Dahman (venu) ; *Assouel*, Abdallah ben Si Abdesselem (venu).

Ahl-el-Oued. — *Taounat*, cheikh Sellam ; *Beni-Berber*, Abdallah ben Sidi Abdesselem ; *El-Kelaa*, El Hadj Hammou.

Reba-el-Fouki. — *Aichtoun*, Mohammed ben Hissaïn ; *Nadour*, Abdallah ben Salah : *Khettaba.*

Mtioua dial l'Outa.

Mtioua-Dial-Outa. — *Imebreden*, Abdesselem el Cadi ; *Mechkour*, Si Ali ben Si Hammou ;

Tizerin, El Hammou ben Chta ; *Dchar-Fellah*, Mohammed bel Lhassen ; *Mourzai* ; *Tidja*, Abdallah ben Amar ; *El-Kelaa*, Hamdan ben Ali.

Timouras. — *Bab-Meharaz*, Si Hammou Mohammed ; *El-Karia-Abdesselem*, Zebati ; *Ketba*, *Bou-Redoud*, Si Hammou.

BENI-ZEROUAL, 5.000 h.

Beni-Melloul. — *El-Azaib*, oued Amzez ou Stitou. Notable : El Hadj Mohammed, Ouled-Omar-ben-Tayeb ; *El-Kelaa* ; *Tameza* ; *Igher-Melloul* ; *Beni-Asem* ; *Taouerta*.

Beni-Bouban. — *Ouled-Berrached*, oued Aoudour. Notable : Sellam Ouled Ali bel Hadj ; *Taforalt* ; *Ouled-ben-Khaled* ; *Beni-Abdallah*.

Ouled-Kacem. — *Beni-Dakoul*, oued Aoudour. Notable : Habibou Ouled ben Otman ; *Zaouïa* ; *Ouled-Aziz* ; *Beni-Feddin*.

Beni-Mka. — *Ahl-Idzar*, oued Aoulaï. El Moueddi Ouled Hamman ben Larbi ; *Taiteferah* ; *Beni-Mejrouh* ; *Noukla* ; *Zaouïa*.

Ouled-Brahim. — *El-Mahlouma*, notable : Mohammed Oud ben Mohammed ; *Ouled-Sahab* ; *Agheroud* ; *Tazradra*, oued Aoulaï ; *El-Kelaa*, entre Mmzez et Aoulaï ; *En-Noukla* ; *El-Meha* ; *Aïn-Berda*.

Les Beni-Zeroual, sur le daher du pacha El Hadj Hammad.

DJAIA

Cheurfa-Zerka ; Zbar-Mehil ; El-Messoui ; Touzer-Remel (oued Aoulaï).

Talghera ; Bou-Zrourouf ; Azib-Jalef ; Ouled-Kroun ; Beni-Saïd, oued Mozez.

Beni-Mohammed ; Haraka-Azib-el-Hammoumi ; Bab-el-Arba, oued Mzez ; Dahel-ou-

Bou-Tahar (Azib du Maghzen, au confluent de l'Ouergha.

SETTA

Mesker : Menouala ; El-Bral : Zaouïa ; Aïn-Ouerd ; Mzaourou ; Aïn-er-Reha ; Znata ; Dar-Haddad ; Sedriin ; Medjmoula ; Ghezzan : Mahlil ; Enchcheuch ; Bou-Sourat ; Draoui ; S.-bou-Zitoun ; Gedouma ; Beinou ; Kher-Benaain ; Beni-Gerrouch ; Harraki ; Haidous ; Hezaouen ; Hajeriin.

Oued Droudar, venant des Beni-Mesguilda et du Djemaa Beden.

BENI-OURIAGEL

Pacha : El-Hadj-Hammad.

Dajla, oued Aoulai.

Khed-el-Brel, oued Aoulaï ; El-Aouda, oued Aoulaï ; Tafornout, oued Aoulaï ; Ouislan, oued Aoulaï ; El-Bour, oued Alouaï ; Zaouia Taouledman, oued Aoulaï : Tazarin, oued Tazzert ; Tazzert, oued Tazzert ; El-Mghala, oued Tazzert.

Beni-Kissan.

Dermi (Fouki et Seffli), près de l'oued Aoudour : Tazrout, près de l'oued Aoudour ; El-Amoumïn, près de l'oued Aoudour : El-Mizab, près de l'oued Aoudour ; El-Mouïa, près de l'oued Aoudour ; Asedour (S[t] et F[i]), près de l'oued Aoudour ; Zaouïa, près de l'oued Aoudour ; El-Kitoun, près de l'oued Aoudour ; El-Kelliïn, près de l'oued Aoudour ; Aïn-Douar, près de l'oued Aoudour ; Beni-Kisan, oued Ouergha ; El-Haouta, oued Ouergha ; K[a]-Ali-ben-Abdesselem, oued Ouergha.

Les Beni-Ouriagel sont compris entre l'oued Ouergha, l'oued Aoulaï, les Djaïa, les Beni-Zeroual et l'oued Aoudour.

IV. — RÉGION SUD DE FEZ.

La région sud de Fez est habitée par deux grandes tribus berbères : les Aït-Youssi et les Aït-Tserrouchen (ou Seghrouchen).

A. Les Aït-Youssi se subdivisent en Gheraba qui habitent autour de Sefrou et en Djbaïlia qui s'étendent depuis l'oued Guigo jusqu'à la Moulouya.

Au cours des opérations effectuées en septembre 1911 et janvier 1912 deux fractions des Gheraba : les Aït-er-Reba et les Aït-Makhlouf, ont fait leur soumission. Les Aït-Fingo habitant l'oued Amekla continuent à inquiéter Sefrou.

Les Aït-Youssi de la montagne occupent la partie la plus aride et la plus difficile de l'Atlas. Les Aït-Halli au Sud-Est habitent dans les vallées de l'oued Sebou, de l'oued Seghina, Amekla, Zgan, Zra; ils sont sous l'autorité nominale du caïd Lhadj Haddou secondé par Mohammed er Rami. Ils sont rentrés en relations avec nous.

Les Aït-Messaoud ou Ali habitent l'oued Guigo, les deux versants de l'Atlas, l'oued Enjil affluent de la Moulouïa. Ils sont voisins des Beni-Mguild. Les Aït-Messaoud ou Ali sont sous l'autorité nominale du caïd Mohammed ould Omar, ils sont restés jusqu'ici dans un état de neutralité dû sans doute à leur éloignement.

Tous les Aït-Youssi étaient autrefois groupés sous la haute autorité du caïd Omar el Youssi. C'était un grand seigneur berbère qui commandait la route de Fez au Tafilalet par Ksabi. Il a été assassiné dans un guet-apens au retour d'une petite opération contre ses voisins les Tserrouchen. Depuis, les influences se sont morcelées et son fils Mohammed ould Omar bien qu'intelligent est loin d'avoir l'autorité de son père.

B. Les Aït-Tserrouchen. — Les Aït-Tserrouchen forment deux îlots au milieu des Aït-Youssi.

1° Les Aït-Tserrouchen d'Imouzzer habitent la montagne qui domine la plaine du Saïs entre les Aït-Youssi, les Beni-Mtir et les Beni-Mguild. Le petit groupe des Aït-Arfa s'y rattache. Il écoute la parole du chérif Si Raho habitant à Anoceur et faisant cause commune avec les Aït-Fringo dissidents, qui nous restent particulièrement hostiles. La région de l'oued Amekla et d'Imouzzer a été parcourue par la colonne Dalbiez en janvier 1912. Mais l'ennemi, usant de la tactique si souvent employée par les Berbères de l'Atlas, s'enfuit dans les montagnes et les forêts semées de ravins innaccessibles, mettant en sûreté ses tentes et ses troupeaux. Il descendit ensuite dans la plaine pour refaire ses coups de mains dans les environs de Sefrou, toujours vaillamment repoussé par le capitaine Richard d'Ivry.

Cependant, l'hiver, chassés par la neige qui recouvre l'Atlas, les Berbères seront dans l'obligation de chercher les pâturages et ils seront à ce moment plus vulnérables.

2° Les Aït-Tserrouchen-Djbailia habitent la région du Djebel-Tischoukt (ou Tchoukt) entre l'oued Seghina et l'oued Guigo. Leur centre principal est El-Mers au pied du pic de Lalla-oum-el-Bent. Ils voisinent dans l'oued Guigo et dans le Djebel Tagnaneit avec les Aït-Halli et ils s'étendent dans l'oued Mdez (nom que prend l'oued Guigo avant de devenir le Sebou) entre les Narmoucha et les Beni-Alam. Si Mohammed Tserrouchni et Si Akka, son fils aîné, habitent Taghzout-n'Ouagga dans l'oued Seghina. Ce chérif semble avoir sur le groupe des Aït-sidi-Ali une assez grosse autorité.

SEFROU ET VILLAGES DÉPENDANT DE SEFROU

Ksours du commandement de Sefrou : Mezdegha-ed-Djerf (A.-Faska) ; El-Bsabis ; Ed-Djerad ; A.-Sidi-Youssef-dial-el-Ouata, sur l'oued Sebou, à Mechra-Beddad, 5 ksours, 200 tentes ; Chedadka ; Senaja ; Ouled-Sidi-Youcef, près Sefrou ; Azaba.

AIT-YOUSSI

I. — Gheraba.

AÏT-ER-REBA

A.-Er-Reba, 300 tentes. — *A.-Faska*, 120 ; *A.-Taleb*, 6 ksours : Mezdegha-ed-Djerf (Chedaja), du Ct de Sefrou, Ksiret-Omar, Ksiret-Lhassen, Ksiret-el-Habib, Ksiret-el-Haoucin-bel-Ghazi, Izebaïn, A.-Hassi ou Ahmed ; *A.-Aïssa ou Lhassen*, 200.

A.-Daoud ou **Ali**. — *A.-Blal*, caïd Bougrin, 3 ksours : A.-Hadou ou Moussa, 70 ; A.-Blal, 30 ; Imchenfen, 25 ; A.-Ahmed ou Beki, 20 ; A.-Ali ou Ahmad, 80 ; Gueschata, près des Beni-Sadden, 50 ; *A.-Moghri*, ksours : Ksiret-Aït-Chaïb, 30 ; Ksiret-Aouirt, 30 ; Zaouïa-Tazouta de Sidi-Hassan, 40 ; Aghbal, 20 ; A.-el-Hadj, 20 : Ksiret-Mohammed ou Saïd ou El-H.-Taïb, 20 ; Iguelouan, 3 ksours, 60 ; A.-Haddou ou Moussa, 50 ; A.-Yahia, 30 ; A.-Yacoub, 70.

AÏT-MAKHLOUF

Caïd reconnu des A.-Makhlouf : Mohammed ben Hammou.

A.-Ali ou *Baho :* A.-Moussa, A.-Saïd, A.-Zaikouin, A.-Abd-el-Mouda, oued Guigo.

A.-Malek ou *Saïd :* A.-Haddou ou Ali, Hainajen, A.-Bou-Zian. A. ou Brahim, originaires des Beni-Alaham.

A.-*Khelifa :* une fraction fixée au milieu des A.-Rebaa ; une fraction dans la montagne, vers Aïoun-Snad ; une fraction dans l'oued Guigo.

AÏT-FRINGO

180 à 170 tentes.
A.-Sellou-Boukouïa-N.-Kandar.
A.-Ali-Boukouïa-N.-Kandar.
A.-Lhassen (A.-Rezouk) N.-Kandar.
Iharrassen-Chaba-Touila.
Iboua-Anoseur, voisins des A.-Moussa.
A.-el-Meskin-Ameklaksar.
A.-Ichchou-Ameklaksar.
A.-Mohammed A.-Lhassen-Ameklaksar.
A.-Azzou, caïd.
A.-Amor, D.-Djebel Boukaïa, touchant Imouzzer et Kandar.

II. — Djabailia (A.-Youssi de la montagne).

I. — AÏT-MESSAOUD OU ALI.

A.-Hamza. — A.-*Telt*, 80 tentes, une partie à Sef ; *Izouggaren*, 50, une partie à Oued-Guigo ; A.-*Raho* ou *Amor*, 50, une partie à Oued-Guigo; A.-*Yahia*, 50, une partie à Oued-Guigo ; A.-*Besri*, 40, une partie à Oued-Guigo ; A.-*Kaïs*, 100, une partie à Oued-Guigo ; A.-*Almis*, 100, amenés d'Almis par le caïd Omar-el-Youssi.

Ikhater. — A.-*ben-Bouhou*, 80 tentes, oued Guigo et Imjil ; A.-*Bouhou*, 50, Guigo et Imjil ; A.-*Aïssa*, 30, Enjil ; A.-*Lhassen* ou *Kermous*, 20, Imjil et Takkant-Amokran ; A.-*ben-Saïd*, 30, Guigo et Imjil ; A.-*Yacoub*, 100, Enjil et Tekint ; A.-*Saïd-Messaoud*, 25, Enjil et Takhant-Amokran : *Iaouin*, 12, Enjil ; 16, Guigo.

A.-ben-Amor. — *A.-Mohammed* ou *Raho*, Tijan ; *A.-Khellou*, Tijan ; *A-Saïd* ou *Omar*, 60, Zeklat ; *Imenhain*, Fas ou Kibel ; *A.-Ali* ou *Haddou*, Tijam ; *A.-Boubekeur*, Tijam ; *Khoukkat*, 35, Zaouïa Khoukhat.

A.-ben-Haddou. — *Imerhan*, *Imchouiat*, 80, Enjil ; *A.-Atcham*, *A.-Yahia*.

II. — Aït-Halli.

Caïd : El-Hadj-Haddou, 1.200 tentes, 4 ksours. — *A.-Lhassen*, 250 tentes ; *A.-Ahmed* (*Ahmed*) ou *Sliman* ; *A.-Alla* (*A.-Daoud*) *Cheubana*, près Maghir, 180 ; *A.-Hammi* ou *Bouteib*, Tajanat, 30 ; *A.-er-Rahmi*, oued Serghina, 160 ; *A.-Atman*, oued Serghina, 200 ; *A.-ben-Moussa*, oued Serghina, 100 ; *A.-Bouleman* (*A.-Raho*), 150 ; *A.-Hammou*, 70 ; *A.-ben-Youcef*, 40 ; *A.-Ghezzan* (*A.-Alla*), *A.-ben-Fekhir*, oued Guigo, 180 ; *A.-Khebbach*, oued Guigo, 60 ; *A.-Amor* ou *Abid*, oued Guigo, 50 ; *A.-Ali Lhassen*, près Sidi-Ali-A.-Tserr, 120 ; *A.-Grann*, au milieu des A.-Tserrouchen ; *A-Zian* (A.-Raho-dial-Mohammed ou Rami), 130.

A.-Ali ou *Lhassen*, dial Zra (Bled). O[d] Tazra, 20.

Ibadissen, 30.

A.-Bouhou, Sahel-en-Aïa, Beni-Ala (Mezdagra), 60.

4 ksours tout petits : *A.-Daoud*, *A.-Amor*, *A.-Alla*, *A.-Lhassen*.

Le caïd, El Hadj Haddou, est venu à Aïoun-Smar le 3 septembre 1911, habite Sefrou ; sa tribu et sa tente sont à Cheurbana.

AIT-TSERROUCHEN

I. — Aït-Tserrouchen d'Immouzzer.

Aït-Ikhelf. — *A.-bou-Azza*, 60 tentes, à Imouzzer. Caïd : Mohammed ou Mezziat, venu le 27 août

1911; *A.-Lhassen* ou *Hossain*, 150, à Imouzzer. Hammami ben Mohammed; *A.-Salah*, 90, à Tafrent, entre Imouzzer et Kandar. Hammou Ali: *A.-Messian*, 45, à Hamria; *A.-Belkacem*, 45, à Tizi-n-Brahim. Mohammed ben Ali; *A.-Lhassen* ou *Ikhelf*, 60, à Sahel-Achar; *Sidi-Rahho*, est des Aït-Arfa, est installé sur les terres des Aït-Youssi-Gheraba (Aït-Fringo-Iboua).

Aït-Abdallah. — *A.-Iddir*, 150, à El-Herahir. El Hadoucin ould Touda; *El-Hajaj*, 150, à Tir'zer't. Saïd ou Mohammed; *A.-Arfa de Lemdouar*, 30, Daïa Aoua; *A.-Ouadefel*, 50, Chaabat-el-Kharoub. Hajoui ben Ali; *A.-Seba*, 80, Tanfekht. Mohammed ou Akka; *A.-Abbou* ou *Mohammed*, 40, Bou-Saïd, entre Aït-Seba et Beni-Mtig. Akka bou Ichechou; *A.-Lhassen* ou *Youssef*, 20, près des Aït-Seba (à Djerf). Hammou ou El Hadj; *A.-Youssef* ou *Hammou*, 30, à Tiizilt. Ali ou El Hadj; *Ahel-Targa*, 16, à Tiizilt; *A.-Ali* ou *Aïssa*, *A.-el-Medjoub*, 20, à El-Blouz.

II. — Aït-Tserrouchen de la montagne.

AÏT-SIDI-ALI

Aït-Ahmed. — *A.-Akka*, *A.-Ichechou*, *Ijrgui*, *A.-Sidi-Akka*, *Ahl-Tazrout*, 500 tentes, Mahmouda. Darg, près de l'oued Seghina. Fraction très faible; *A.-Ali*, 60, El-Mers, marché des Aït-Tserrouchen; *A.-Youssef*, 150, Taghit (fraction riche); *A.-Lhassen*, 60, El-Mers; *A.-Belkacem* ou *Hammou*, 60, djebel Tischoukt. Sidi Mohammed Azeroual; *A.-Mohammed-Amezian*, 160, Ben-Smin, entre Skoura et Beni-Graim (fraction riche); *A.-Mohand*, 500, Tachfacht, près du djebel Tagnancit, territoire pris aux Aït-Halli; El-Zoua, près de Tischoukt; *A.-Abderrahman*, 200, El-Mers.

Idghassen. — *Imhaouchen*, *A.-Hammou-Yahia*, *A.-ben-Ichechou*, *A.-Mohammed ou Ali*,

A.-Ahmed, *A.-Moulay-Saïd*, 800, entre Skoura, l'oued Mdès et les Beni-Alaham; *A.-Abdallah*, 150, El-Mers.

BENI-SADDEN

Caïd : Omar ould Touda.

I. — Aït-Sliman.

Aït-Sliman. — *A.-Ameur*, 70 à 80 tentes. Caïd Omar ou Touda, cheikh Ahmed Abdelkerim. El-Kifan (Koudia), entre Beni-Sadden et Zrarsa, et Aït-Tserrouchen et Aït-er-Reba; *A.-Hamidan*, 50, Ali ou Raho. El-Kifan et Kef-el-Beger; *A.-Saïd-bel-Lhassen*, 60, Saïd ou Hammou-Mohammed ou Lhassen-Maamma, Bir-Ghelala, petites kasbahs, voisins Aït-Amouyer et Ihamouden.

Mzala. — *A.-Amouyes*, 50, Mohammed ou Saïd, Bir-el-Aïa, voisins des Aït-Ameur; *El-Bratel*, 50, Abbou-ben-Mohammed, Aïn-Kadous. Se sont sauvés chez les Beni-Ouaraïn. Ils sont maintenant revenus chez eux avec les Beni-Sadden, Bou-Zemlan, Aïn-Fellaj; *A.-Mimoun*, 40 à 45, Lhassen ou Bou-Ali; *Ouguiten*, 70 à 80, Mohammed ou ben Aïssa. Sidi Abdallah-Moul-Hadjeb-Saïd, voisins des Ouled-el-Hadj.

II. — Aït-Beki.

Ihamouden, 150 tentes. — *A.-Chaho*, Ben Ali ben Ali ou Berraho; *A.-Amor* ou *Chaho*, Tebouda, zaouïa de Sidi-Mohammed-ben-Ahmed-el-Ouezzani; *A.-Attou*, Mohammed ou Haddou; *A.-Allah*, Ali ou Lhassen; *A.-Naceur*, El-Ghazi-bel-Hadj-Larbi, près de Gern-Bouzouf. Un seul douar au milieu de la tribu : Tebouda-Aïn-Deheb. *A.-Hassein*, *A.-Saïd*, *A.-Salah*.

Aït-Abbou, 100 tentes. — *Iharkaten*, *A.-Djabeur*, Mohammed ou Akka, ami du caïd Omar ou Touda. Ds. oued Sebou à El-Mtira, Mechta; *A.-Abbou*, 3 ksour. Mohammed ou Âli, Aït-Sbit, près du Sebou.

Aït-Imelouf, 120 à 150 tentes. — *A.* ou *Berkam*, Lhassen ou Hammou, voisins de Gueschala des Aït-er-Reba, rive gauche du Sebou; *A.-Moussa*, *A.-ben-Ahmed*, *A.-Hassein*, *A.-ben-Atman*, *A.-ben-Ali* Ali ou ben-Naceur; *A.-bou-Azza*.

Un seul douar à Cheïrat : Koudia-Ali-Hassi-Dar-el-Ghezlan.

BENI-YAZRA

Metarnagha. — *El-Mtarnagha-Seffia*, Mohammed-el-Kaddour, 40 tentes; *Ouled-Amir*, 40; *Ouled-Salmoun*, *Kraoucha*, *N'Jajra*, *N'Gada* (kasba), 50; *Noualat*, 30; *Mgnerhei*, 40.

Rebaa-Lousti. — *El-Menzel*, petite ville, 300; *El-Kelaa*, près de Menzel; *El-Kasba*, près de Menzel, 300; *Kratech*, 50.

Arba-el-Fouki, Beni-Sourat. — *Dar-Akoun*. Mohammed ben Bougrini, parent de Mohammed ben Boughris, 100; *Ouled-Anikoudou*, 40; *Ouled-Embarek*, 30; *Ouled-Meriem*, 30; *Aïn-Beida*, *Ouled-Mokran*, 100; *Tasherout*, 50; *Mellaha*, 60; *Taghit*, 100.

Arba d'El-Mghila. — Une seule djemaa; un ksar dans l'oued Mghila.

Zra. — Cette fraction est peu importante; elle est sur la rive gauche du Sebou, dans l'oued Zra, entre Aïn-Aghbal et l'oued Sebou.

V. — RÉGION MÉDITERRANÉENNE

Différents informateurs nous ont donné de la région rifaine des indications géographiques et politiques. Il ne faut y attacher de valeur que celle d'un premier renseignement ayant besoin d'être recoupé et complété.

RIF

LITTORALES EST A OUEST

Trifas, région Oudjda ; *Kebdana*, zone espagnole ; *Oulad-Settout*, zone espagnole ; *Guelaïa*, zone espagnole ; *Beni-Saïd*, *Temsaman*, *Beni-Ouriaghel*, *Bokkoïa*, *Beni-Ietteuf*, *Beni-bou-Ferah*, *Beni-Gmil*, *Mtioua-der-Rif*.

CENTRALES EST A OUEST

Beni-Oukil, région Oudjda ; *Beni-bou-Yahi*, *Beni-Oulichek*, *Tafersit*, *Beni-Touzin*, *Targuist*, Senhaja de Sraïr ; *Zerket*, des Senhaja de Sraïr ; *Beni-Bounser*, des Senhaja de Sraïr ; *Tarzout*, des Senhaja de Sraïr ; *Beni-Seddat*, des Senhaja de Sraïr.

MÉRIDIONALES

Beni-Snassen, région Oudjda ; *Mtalsa*, *Guez-naïa*, *Mgraoua*, *Beni-Amart*, *Beni-Mesdoui*, *Beni-Bechir*, Senhaja de Sraïr ; *Beni-Khennous*.

1° *Tribus littorales.*

KEBDANA (zone espagnole).

OULED-SETTOUT (zone espagnole).

Sidi Mohammed Amezian est un chérif de la fraction des Arezenran.

GUELAIA

Beni-bou-Gafer, 1.300 h. — *Imaïaten*, *Asameur*, *Zerroura-Kert*, *Iazanen*, *Chemlala*.

Beni-bou-Ifrour, 2.000 h.

Beni-Sidel-Ahl-Gada, 4.000 h. — *Ahbtlet*, *Haddouïa*, *Ouled-Yacin*, *Jouaoua*, *Beni-Felkan*.

Beni-Sikar (esp.), 4.000 h. ou **Chiker** (ar.). — *Abdouna*, *Azegheghan*.

Ferajia-Mezouja, 2.000 h. — *Ferhana*, *Beni-Ncar*, *Ahl-en-Nadour*, *Msamir*, *Barraka*.

BENI-SAID

Izomel. — *Tazarin* (port), *Tiferzouin* (port), *Atria*, *Isoummer*, *Ijouamen*, zaouïa Sidi-el-Mansour ; *Ferahbiin*, zaouïa Sidi-Aïssa Ould-el-Amin-ben-Aïssa.

Beni-Tmaït. — *Ouled-Khlouf*, *Zaouïa-Mouley Idris*, *Ahl-Tlet*, dans la montagne; *Malou-Otman*, Souk Tleta de Jerrari ; *Touhount*, cheikh Asdad des Ould-Si-Tayeb; *Ouled-Daoud*, *Izahmounen*.

Ouled-Abdaïm. — *Cheurfa-Zegzaoua*, caïd Akechich ; *Berrekana*, Kaddour-ben-Amar des Ouled-Bouzian ; *Ouled-el-Fkih*, *Bou-Henni*, *Sebaoun*, *Zaouïa Si-el-Hadj-Mahammed*, *Tijedit*, *Berrout*.

Mejaou. — *Chemlala* ; *Haouz-Kert*, Si-Aïssa (port); *A. ben-Rouman*, *zaouïa Si-Abdel-Jebbar*, *Alaounen*.

Tchoukt. — *Tchoukt*, *Iabdounen* (*El-Hadj-Bouzian*).

BENI-TEMSAMAN 4.000.

Beni-Maghenin, 400. — *Kasbet-ed-Dar* ; *Kasbet-Sefflia*.

Arba-el-Fouki, 900. — *Ouschanen*, *Beni-Azza*,

Ahl-Mzaourou, *El-Kellouchen* (Ouled-Si-bou-Yakoub).

Beni-bou-Idir, 900. — *El-Marabetiyn*, *Khecheb-Oumghar*.

Beni-Taban, 500. — *Ahl-Iguedi*, *Ahl-Amaad*.

Trogout, 900. — *El-Merabetiyn*, *Tebouda*, *Zaouïa Bouzouika*.

BENI-OUGHIAGHEL, 12.000 h.

Beni-Abdallah, 700 h., caïd Ahmar Trahar. — *Kemmoun* : Beni-Mesnaouï, Kebir-el-Caïd-Kaddour.

Aït-Zian.

Aït-el-Marabtin.

Ouchen, 1.200, caïd Boubeker. — *Aït-Ali*, 600 ; Amoussa ou Ahmed, Dchera O. El-H.-Saïd.

Aït-Youcef ou *Ali* : Adjdir.

Beni-bou-Ayach, près des Beni-Touzin.

Aït-Arous, djebel.

Aït-Bou, Ayach.

Beni-Hadifa. — *Tamerkalt*, *Tizemmourin* (F^t S^t) ; *Iharrounen*, *Ihaddousen*, *Bou-Achebellin*, djebel Hamman.

El-Marabtin, 1.800. — *Souain*, *Ajdir*, *Tafersit*, djebel Sidi-bou-Khiar, au centre des Beni-Ouriaghel.

BOKKOYA OU BOUKOUIA, 1.800 h.

BENI-YETTEFT, 700 h.

Du Sud au Nord, oued Ouaouizert, oued Tounsift (ksours nombreux non cités).

Amezouj, *Tarzout ou Ayach*, *Beni-Chiker*, *Ouaouizert*, *Izeriahan*, *Talambadès*, *Asameur*,

Zaouia, *Snada*, gros village; *Tigghallin*, *SⁱBou-Yakoub-Badès*.

BENI-BOU-FERAH, 500 h., oued Lebradj.

Du Sud au Nord.

Aouni, *Tazarin*, *Dar-Zikhlef*, *Ouled-Behaïa*, *Idrighen*, *Aounouf*, *Beni-bou-Gemet*, *Tiferouin*, *Iharrounen*, *Ioulasen*, *Izlougen*, *El-Arara*, *Ouled-ben-Messaoud*, *Djnanat*, *Iallech*.

BENI-GMIL., oued Mestassa.

Ouled-el-Bektit, *Tigmamin*, *Ouled-Amar ou Chaib*, *Tafraout*, *Ichamounen*, *Taida*, *Ich[illegible]min*, *Tazrout*, *Heisen*, *Tighefert*, *Isoumer*, *B[illegible]-Hak*, *Beni-Cheboun*, *Azaghar*, *Airem*. *Ouaram*, *Tazaert*, *Mestassa*, port sur la mer.

BENI-AMART, 1.200 h.

Jhaouna
Ouled-Hassein.
Aït-Saïd-Khlelft.
Ouled-Abbou.

2° *Tribus centrales*.

BENI-OULICHEK, 1.400 à 1.500.

Ahl-Azrou, 400. — *Ouled-Afi*. *Dar-Azrou*, *Toulout* ou *Talilit*, *El-Marabtiyn*, *Idariyn*.

Beni-Ikhlef, 400. — *Imouchouan*, *Raoula*, *Ziani*, *Iouardanen*, *Ouled-Abdesselem*, *Djema Kar-fellaten*, *Ouled-Hammou*, *Ighezerounen*, *Talionin*, *Ahl-Taourirt*.

Ouled-Abdemmour, 300. — *Ifettaten*, *Iouchi-*

khen, *Ioujamen*, *Ouled-Bouzian*, *Beni-Boukidan*, *Karrouchen*, *Nounaten*.

Ouled-Abdelaziz, 300. — *Ifekhar*, *Ouled-Djaber*, *Taouarda*.

Oued es Sebt, oued Ouled-Abdennour, oued Jourdanen, affluent du Kert.

TAFERSIT, 700 h.

Caïd Abdesselem el Fersigi.

Beni-Mohammed. — *Beni-Haïdous*, *Imagern*, *Bou-Hafora*.

Beni-Khaled. — *Beni-Mdin*, *Beni-Yerrou*, *Beni-Youcef*.

Oued Tafersit se jetant à El-Ababda des Mtalsa. Oued Hammou, à Sidi-Mohand. Il sert à irriguer la plaine de Tamtelt.

Souk-el-Tin de Sidi-Embarek.

BENI-TOUZIN (5 khoumous).

Igherbiyn. — *Ouled-Brahim ou Alla* : Ibouhessin, Ibouakilin, Iberdaan ; *Oulad-el-Kassem* : Iaardoumen, Ibou-Harganien, Imsatlen, Ita-Harionen ; *Beni-bou-Ieri* : Ichemlalen, Imarouchen, Itoulatin, Imdiouin ; *Zenaguin* : Ikhetoutin, Ihaouzin ; *Imdiouin* ; *Aït ou Anguich* : Aït-bou-Ghazi, Aït-bou-Mdour ; *Beni-Melloul* : Aït-Raho ou Hammou, Aït-Adjouza, Imerebtin.

Beni-Taban. — *Tafadist* ; *Iguerdouhen* ; *Aït-Dehar* : Ahl-Zaouïa, Aït-Amran ; *Aït-Amran*.

Ahl-Tasaft. — *Beni-Ybyi* : Ijaounen, Aït-Talamrit, Tizra-Lakda ; *Aït-Laali* : Izougaren, Ihadouten ; *Aït-Zian* : Atmanen, Aït-el-Mehdi.

Ihadouten : Aït-Ouaras. Ouled-el-Hadj-Amar ; *Irzouken* : Ouled-ben-Mohammed ; Aït-Djaa ; *Aït-Hand ou Amar* : Aïssaten ; *Ighermaouas* : Aït-

Dehar, Ijeraïn, Aït-Tarint, Aïn-Sebaount; *Beni-Hassan* : Aït-Talha, Aït-Hammou ou Lhassen, Aït-Saka; *Innahin* : Aït-Lhassen-Sammer, Irzouken; *Iouardijen* : Ichaïbin, Ikhiaren, Ibatarin; *Beni-bou-Tekbach* : Ibou-Lahfatin, Ibou-Chihafin, Ibu-Amarin, Ihadouten, Aït-Izreï; *Imeniten* : Ibou-Ayadin, Ikakriouin, Islimaten; *Beni-Milik* : Aït-bou-Brahim, Ijetaren, Aïn-Tamart; *Ihadouchen* : Aït-bou-Dileb, Aït-Tarzout.

TARGUIST, 400 à 500 h.

Aït-Azza, au Sud du djebel Targuist.
El-Malemin, près de Sidi-bou-Smin, au Nord de l'oued Gheis.
Merraha, gros village.
Oued-el-Heipour, zaouia principale.
Aït-Aïssa, d'Ouled-Sidi-el-Hadj-Ali-Khemlich.
Mzada.
Zaouia-Aït-Azach.
Izemmouren.
Taourirt.
Tanout.
Igermedjoulen.
Ibettiouen.

SENHADJA DE SRAIR

Les Senhadja de Srair comprennent les tribus suivantes :

1. Beni-Seddat. — 2. Beni-Khennous. — 3. Beni-Bounser. — 4. Zerket. — 5. Ktama. — 6. Beni-Ahmed. — 7. Beni-Bechir. — 8. Tarzout. — 9. Beni-bou-Chibet. — 10. Mtioua du Rif.

1. — BENI-SEDDAT, 600 h.

Azeila oued Azeila, versant sud;
Tighisa — —
Zgara — —
Asaka — —
Agersif — —
Ouareg (ras oued Ouergha, sortant du djebel);
Imazirouen (Tidighin ou Tidranoh);
Bou-Kefer, voisin des Zerket;
Imasinen, oued Ourmga;
Tisegha;
Tiidouin;
Tamedda;
Nahara, voisins des Mtioua du Rif;
Arbi;
Igerntech;
Talarouak.

2. — BENI-KHENNOUS, 300 combattants.

Iaraben; *Ifri*; *Tamsiit*; *Bou-Ata*; *Igri-Imgen*; *Leddai*; *Tagraou*; *Beni-Taiman*; *Tizi-Khettab*.
Oued Beni-Khennous Ouergha supérieur.

3. — BENI-BOUNSER, 300 combattants.

Tameddit, zaouïa 3 djama; *Amaaktan*, zaouïa 2 djama; *Iattaren*; *Louda*; *Zaouïa El-Kenater* (Si Mohammed Akhemlich); *Adouz*; *Zerket*; *Anderfou*.
Oued des Beni-Bounser ou Souk-el-Khobar (Ouergha).

4. — ZERKET, 700 h.

Bel-Hakem; *Bou-Kerouach*; *Timilout*; *Aghennoui*; *Germalet*; *Semmaat*; *Mtar*; *Tizi-Mterga*, versant sud; *Igedman*, oued Ouaousefra; *Bou-Ghileb*, zaouïa Sidi-Mohammed-Seddik-Khemlich, ayant très grosse influence chez les Beni-Oughiaghel ; *Ouled-Dahman* ; *Isi-Amaren* ; *Hameid* ; *Ifellihan* ; *El-Kitoun* ; *Fragouaich* ; *Ikherouden* ; *Imelal* ; *Iouarian* ; *Aougeni* ; *Bou-Enjel* ; *Allal* ; *Oughsan* ; *Bou-Hai*, versant nord ; *Douhdouh*, ksar de Si-Mohammed Kouis ; *Si-Amaren*.

5. — KTAMA ou KOUTOUMA, 2.000 h.

Beni-Tmin. — *Asmartas*, oued des Beni-bou-Rafed ; *Irgliouen*, voisins des Beni-Zeroual ; *Bernes* ; *Zaouïa-Sounni* ; *Asammer* ; *Jamnet*.

Temsaout. — *Temsaout-el-Hamra* (2 ks.), dans l'oued Mzez ; *Mergel* ; *Azaghar* ; *Bekaïr* ; *Aguercif*.

Amzez. — *Ouachït* ; *Zeroughout* ; *Tamelagui* ; *Gouriha* ; *Tainza* ; *Bou-Madi* ; *Azaghar* ; *Tisket* ; *Oued-Tout* (ou Ouettout) ; *Akadjer* ; *Adeghous* ; *Amgoud-el-Mellah* ; *Ma ou Zaghar* (Souk et Tleta), dans l'oued Amzez.

Souahal. — *Bou-Flou* ; *Jerro* ; *Chkara* ; *Meziaz* ; *El-Azib* ; *Taria* ; *Beni-Hassan*, entre oued Tarzout et oued des Beni-Aïssi ; *Talghgount* ; *Aila*, près de Beni-Berber ; *Dar-Aghellab*.

Beni-Aïssi. — *Beni-Aissi* ; *Beni-Ahmed* ; *El-Maghzen* ; *Sahel*, oued Beni-Aïssi ; *Aghbal* ; *Fersioua* ; *Zdad* ; *Ijerdaren* ; *Imazougar*, oued Tleta de Ktama.

Beni-Hameid : un gros village.

6. — BENI-AHMED, 1.200 h.

Oued Ouergha : *Zaouïa dial Botma* : Azrou-Zouggar ; *zaouïa Ali-el-Hakem* : Izourdez ; *Igrebji* : Tisemlal ; *Dahas* : Iger-Sennan ; *Tafornout* : Isousna ; *Tiberrain* : Tamiandès ; *Beni-bou-Znouba* : Akraren ; *Tarirecht* : zaouïa de Sidi-Ahmed-Akhemlich.

Oued Imougezen (affluent oriental Ouergha : *Ioukran* ou *Oukeghen* ; *Tigheza* ; *Imacheren* ou *Macherin* ; *Ademam* ; *Mouzegen* (Souk-el-Arba) ; *Outil* ; *Tasfaout*.

7. — BENI-BECHIR, 350 h.

Oued Ouaouaefra : *Outil* ; *Imsed* ; *Imaten* ; *El-Koura* ; *Taffert* ; *Tatracht* ; *Ougriden* ; *Tasasnout* ; *Fedda-el-Mana* ; *Tagezirt* ; *Bou-Hadi*.

8. — TARZOUT, Djebala, 500 à 600. Oued Tarzout, affluent de l'oued Sra.

El-Kelaa : Ouled-ber-Rahman (F[1]) ; *Ouled-Ikhelft* (F[1]) ; *Ouled-el-Ouertit* (F[1]) ; *Skakia-Beni-Meriem* (S[1]) ; *Akhelft* (F[1]) ; *Taghiamezit* (S[1]) ; *El-Kelaa* : Beni-Merouan (F[1]) ; *Ouled-Abekar* ; *Ademan* ; *Iammouren* ; *Tazarin* (S[1]) ; *Igouraren* (S[1]) ; *Tirighin* (S[1]).

9. — BENI-BOU-CHIBET (oued des Beni-bou-Chibet).

Beni-Ayech ; *El-Mdaoud* ; *Taourirt* ; *Tamailt* ; *El-Khandek* (F[1] et S[1]) ; *Ibezzazen* (F[1] et S[1]) ; *Taria* ; *El-Azil Ouled-el-Bekkal* ; *El-Marafa* ; *Amazzer* ; *Haloui* ; *Ouled-ben-Zahra* ; *El-Bechiriin* ; *Teffah* ; *Azaghar* ; *Mtioua* ; *Khandektout* ; *Taberrant*.
Djebel Tifelouest, au Sud de la tribu.

10. — MTIOUA DU RIF, 1.600 h.

Beni-Mkail, rive gauche oued Messassa, du Sud au Nord : Talal-el-Ars ; El-Benian, Maouelli, Tagma, Ikheniklhen, Agersif, Atoul, Agermalek, Tala-Abou.
Toulal : Toulal, Tamalout, Imenzn, Cheinour, Ain-Beida.

Ikerifen : Ikerifen, Kelghaman, Talamekran, Bou-Sellam, El-Arara, Ihaddouten, Titoula-O'-Titoula, Izemmouren, Zaouïa-Sidi-el-Hajd-Braham, Bou-Meddour, El-Benian.

Isemmouren : Toujjed, Takmout, Izzemmouren, Taglit. El-Kelaa, Sidi-Fetouch (au bord de la mer), El-Djeba, El-Berria.

Oua'oukda : du Nord au Sud, Ouaoukda, Tamdraghin, Tisoudal. Termest, Nzada, Ijouaen.

Talamzala : Talamzela, gros village ; Aïn-Beida, Bou-Horma.

Beni-Hameid : Tiferkiouan. Azzi, Agersif, Tamalout, Tamaïlt, Houggan, Imenkouren, Taregedalt, oued Taferka, venant du djebel Beni-Kacem et du djebel Berret, traverse la plaine d'Isagen.

3° *Tribus méridionales.*

EL-MTALSA

Ouled-Abbou. — *Ouled-Hakoum*, voisins de Kasbet-Msoun ; *Ouled-Mousi*, oued Engad, affluent de l'oued Msoun ; *Ouled-Ahmed*, caïd Bellout ; *Ouled-Yahia*, caïd El Adi ou Mezzaou ; *Ouled-Taleb*, caïd El Mezian Allal ; *Ouled-Ameur-bou-Haddou*, oued Bousouab, affluent de l'oued Msoun.

Ouled-Daoud, houz Aïn-Zorah. — *Ouled-Mimoun*, dans le djebel Aïn-Zorah, au centre des Mtalsa ; *Ouled-Hakoun* ; *Ighomaten*, caïd Larbi ben Diba El Ghomati ; *Ibenaïssaten*.

Ouled-Hammou, caïd El Kandousi bou Ferkouch. — *Zarakna*. oued Siah ; *Ouled-Smaïn*, oued Siah, source Zrakna, village Sebbat-dial-Aïn-Amar ; *Ouled-Dris*, entre oued Kert et oued Jaouna, voisins des Keznaïa ; *El-Ababda*, oued

Kert, voisins des Beni-Oulichek; *Iharrichen*, entre Kert et oued Siah.

Ouled-Salem. — *Ouled-Ichchou* : Ouled-Moussa, oued Kert; Ouled-Raha, oued Kert; Ouled-Ali-ben-Hammou, oued Kert; Ouled-Daoud, oued Kert. *Ouled-Brahim-bou-Ali* : El-Fetatcha, oued Kert; Ouled-Boubeker, Meraïta village, oued Siah; Ouled-Aidra, Touhaint village; Ouled-Meriem; Ouled-Brahim, oued Siah. *Kelalcha* : El-Hebara; oued Siah; El-Hasniouen, Imariren. *El-Hadj-Amor*.

GUEZENNAIA OU KEZNAIA

(100 chev. principal. Chaouïa et Djbarna.)

Beni-Younès, 1.200. — *Ahl-Azrou* : Tizi, Fargouga, Khenidjen; *El-Arkoub* : Akhemdouk, Taslit; *Bou-Hazem*, *Khebbaba*, *Taghilast-er-Houten*, *Taghilast-el-Hemman*.

Beni-Mohammed, 800. — *Beni-bou-Yello*, *Ouled-Taïar* : Ouled-Ikhelef, Ouled-Brahim; *Ouled-Zian* : Karroun, Ouled-Moussa, Mouloudin.

Ouled-Ali-ben-Aïssa. — *Ouled-Sidi-Aïssa*, *Ouled-Sidi-Hand-ou-Moussa*, *El-Ghorfat*.

Beni-Acem. — *Acht-Alnenej* : Acht-Brarel, Iar ou Ahdoud; Ouled-Ali ou Fares; Ikarouan, 400, Mohammed Amezian; Izkiriten, 500; Karouchen, 500, M[d] ben Kejouba; Ikhouanin, 400, El Hadj Mohammed Ibkich; Ikaboun, 300, El Hadj Amar; *Acht-Ifaran*, 1.090; Boured, 300; oued Boured. Caïd Mohammadi Sidi bou Msat, tué à Oudjda; Tamjount, 190, oued Tamjount; Iharrassen, 600.

Chaouïa. — *Ouled-Haddou* : Atmarnin, Djbarna, 700, caïd Mohammed Bougrouch; El-Houdadj; *Ouled-Mohand* : Ouled-Taounza, Kennoul; *Ihamoutin*, 900 : Ouled-Mohammed ou Lhassen; El-

Heraira ; *Aïn-el-Hamra*, 800 : Ouled-Hammou ou Lhassen, Harchliyin, Mallah ; *Oual-Maghara* : El-Houdjadj, Laazib, Acht ou Farzaz.

Caïd Maouch ben Allal.

Mezouar des Cheurfa (environ 600), El Haddj Mohammed Harrab.

Chérif : Si Mohammed ben el Hadj Abdesselem.

BENI-MESDOUI, 300 h.

***Ihaousen*, *Touzzel*, *Izemmouren*, *Tazoulit*, *El-Hassan*, *Asif-Ouadid*, *Taggeddist*, *El-Kolla*, *Iazzougen*, oued Gheis.**

TABLE DES MATIÈRES

PARIS. — IMPRIMERIE LEVÉ, RUE CASSETTE, 17.

COMITÉ DU MAROC

Président : M. Eug. ÉTIENNE, ancien Ministre de la Guerre.
Trésorier : M. René FOURET.

Membres : MM.

AUGUSTIN BERNARD, Professeur de Géographie de l'Afrique du Nord à la Sorbonne;
Prince Roland BONAPARTE;
Paul BOURDE;
Comte A. de CASTRIES;
J. CHAILLEY, Député;
J. CHARLES-ROUX, ancien Député;
Le Général DERRECAGAIX;
S. DERVILLE, Président du Conseil d'administration de la Compagnie Paris-Lyon-Méditerranée;
F. GUILLAIN, ancien Ministre des Colonies;
J. HERBETTE, Publiciste;
O. HOUDAS, Professeur à l'Ecole des Langues Orientales vivantes;
Lucien HUBERT, Sénateur;
Comte E. de LABRY;
Le Général de LACROIX;
René MILLET, Ambassadeur de France;
MIMAUT, Ministre plénipotentiaire;
René MOULIN;
René PINON;
Georges PRESTAT;
R. RECOULY;
Ernest ROUME, Gouv. général honoraire des Colonies;
Marquis R. de SEGONZAC;
Le Général VARIGAULT;

Secrétaire général : Auguste TERRIER;
Secrétaire général adjoint : J. LADREIT de LACHARRIÈRE;
Secrétaire : Robert de CAIX;

Siège du Comité : **21, rue Cassette, Paris.**

Tout Français souscripteur d'une somme au moins égale à 20 fr. devient adhérent du Comité du Maroc et reçoit l'« Afrique française », organe mensuel du Comité.

Adresser les souscriptions au Trésorier du Comité du Maroc, 21, rue Cassette, Paris-6e.

Paris. — Imprimerie Levé, 17, rue Cassette.

COMITÉ DU MAROC

Président : M. Eug. ÉTIENNE, ancien Ministre de la Guerre.
Trésorier : M. René FOURET.

Membres : MM.

AUGUSTIN BERNARD, Professeur de Géographie de l'Afrique du Nord à la Sorbonne;
Prince Roland BONAPARTE;
Paul BOURDE;
Comte A. de CASTRIES;
J. CHAILLEY, Député;
J. CHARLES-ROUX, ancien Député;
Le Général DERRECAGAIX;
S. DERVILLE, Président du Conseil d'administration de la Compagnie Paris-Lyon-Méditerranée;
F. GUILLAIN, ancien Ministre des Colonies;
J. HERBETTE, Publiciste;
O. HOUDAS, Professeur à l'Ecole des Langues Orientales vivantes;
Lucien HUBERT, Sénateur;
Comte E. de LABRY;
Le Général de LACROIX;
René MILLET, Ambassadeur de France;
MIMAUT, Ministre plénipotentiaire;
René MOULIN;
René PINON;
Georges PRESTAT;
R. RECOULY;
Ernest ROUME, Gouv. général honoraire des Colonies;
Marquis R. de SEGONZAC;
Le Général VARIGAULT;

Secrétaire général : Auguste TERRIER;
Secrétaire général adjoint : J. LADREIT de LACHARRIÈRE;
Secrétaire : Robert de CAIX;

Siège du Comité : **21, rue Cassette, Paris.**

Tout Français souscripteur d'une somme au moins égale à 20 fr. devient adhérent du Comité du Maroc et reçoit l'« Afrique française », organe mensuel du Comité.

Adresser les souscriptions au Trésorier du Comité du Maroc, 21, rue Cassette, Paris-6e.

Paris. — Imprimerie Levé, 17, rue Cassette.

Contraste insuffisant

NF Z 43-120-14

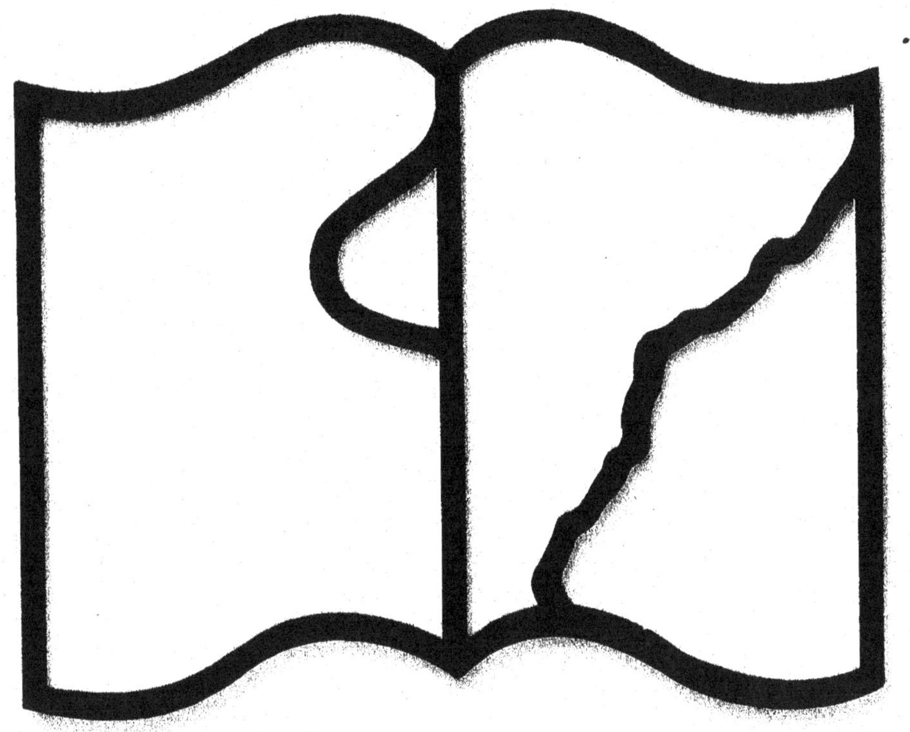

Texte détérioré — reliure défectueuse

NF Z 43-120-11

Documents manquants (pages, cahiers...)

NF Z 43-120-13

www.ingramcontent.com/pod-product-compliance
Ingram Content Group UK Ltd.
Pitfield, Milton Keynes, MK11 3LW, UK
UKHW020345250726
13967UKWH00005B/2115

9 782012 951747